文化背景下的高校英语教学研究

董 薇◎著

吉林出版集团股份有限公司

图书在版编目（CIP）数据

文化背景下的高校英语教学研究 / 董薇著. — 长春：
吉林出版集团股份有限公司，2023.5
ISBN 978-7-5731-3192-8

Ⅰ. ①文… Ⅱ. ①董… Ⅲ. ①英语－教学研究－高等
学校 Ⅳ. ①H319.3

中国国家版本馆 CIP 数据核字（2023）第 072696 号

文化背景下的高校英语教学研究

WENHUA BEIJINGXIA DE GAOXIAO YINGYU JIAOXUE YANJIU

著　　者	董　薇
责任编辑	王　平
封面设计	林　吉
开　　本	787mm×1092mm　　1/16
字　　数	304 千
印　　张	12.5
版　　次	2023 年 5 月第 1 版
印　　次	2023 年 5 月第 1 次印刷
出版发行	吉林出版集团股份有限公司
电　　话	总编办：010-63109269
	发行部：010-63109269
印　　刷	廊坊市广阳区九洲印刷厂

ISBN 978-7-5731-3192-8　　　　　　　　　　定价：78.00 元

前　言

语言与文化之间有着天然的、密不可分的关系。一门语言的学习和掌握总是建立在目标语言所承载的社会交际、文化传承之上。因此，目标语言与母语之间的文化差异，常常导致语言学习中存在理解和运用困难的问题。为了在英语教学中实现跨文化交际能力培养的目标，应特别重视语言教学与文化教学之间的关系，探索符合跨文化的语言教学方法，让学生提高英美文化意识，掌握学习技巧。

在很大程度上，文化的差异决定了语言的差异。在外语教学中，如何做到语言教学同步于文化教学，进一步加强和提高学生的跨文化交际能力，帮助其习得英语语言背后的英美文化，使其能准确、得体地感知文化差异，是摆在英语教师及学习者面前的一项艰巨任务。笔者作为一线英语教师，深知在英语教与学中都无法回避文化的教与学，因此引入文化内容或尝试将文化教学寓于语言教学便成为笔者长期以来一直在做的教学工作。在实践过程中，笔者不断就前面提出的问题进行摸索、反思，逐渐深化了对于跨文化交际的理解，对于英语教与学中存在的文化缺失、文化冲突等问题有了更深入的认识，同时对于实现跨文化交际能力的培养有了更多的心得体会。

随着我国社会经济的不断发展与国际交往的日益增多，学生出国交流、深造的机会也随之增加。英语学习更是受到全国上下的高度重视，这体现出国人空前的开放意识以及想与世界交往的迫切心态。但是国际社会的复杂性和文化的多样性告诉我们，有效的交流不仅是一个语言技巧问题，还涉及许多文化因素。在这一背景下，对具备良好跨文化素质的人才需求逐渐提高。为顺应时代发展趋势，中国大学生需要具备跨文化交际能力。在跨文化交际能力的培养中，大学英语教育具有重要作用。但由于受多种因素的制约，英语教育中对学生跨文化交际能力的培养效果欠佳，难以满足现实需求。

本书主要研究文化背景下的高校英语教学方面的问题，涉及丰富的包装英语教学知识。主要内容包括文化、交际与语言、跨文化交际与英语教学的融合、大学英语文化教学中的跨文化交际、高校英语跨文化教学研究、跨文化背景下高校英语教学内容、高校跨文化英语教学与课程设计研究、英语教学中的跨文化交际能力培养、跨文化视域下高校英语教学的新发展等。本书是笔者长期从事英语教学和实践的结晶，在内容的选取上既兼顾了知识的系统性，又考虑了知识的可接受性，使读者能系统地理解文化与英语教学的基础知识，熟练地掌握英语教学基本应用技能。本书兼具理论与实际应用价值，可供相关教育工作者参考和借鉴。

由于笔者水平有限，书中难免存在不妥甚至谬误之处，敬请广大学界同人与读者朋友批评指教。

目　录

第一章 文化、交际与语言

人类在发展过程中创造了文明，形成了文化。无论是指南针、造纸术，还是电灯、电话，都是人类共有的财富，人们在享受科技文明的同时赞叹着人类的智慧。不同国家、不同种族的物质文明比较容易接受，但是不同国家、不同种族的文化与自身文化存在巨大差异的精神文明，如宗教、社会规范、价值观念以及行为方式等，就相对而言难以接受了。今天，随着外语教学在全世界范围内的蓬勃发展，不同的语言已经不是障碍，真正的障碍是人们对于不同语言背后的文化模式和文化传统的不理解和不接受。为了让读者更好地理解文化在跨文化交际中的作用，本章首先介绍文化、交际与语言的内涵、特点及其相互之间的关系。

第一节 文化的基本概念

关于文化，历史没有给我们留下一个普遍一致的定义，也从未产生过完全令人满意的定义。尽管从词源学上来讲，"文化"一词的含义可以溯源至远古时期，但是对文化进行真正意义上的理论研究只不过是近 100 多年以来的事情。一个多世纪以来，欧美学者为寻求文化的"标准"答案而殚精竭虑，却每每不尽完美。无论是百科全书的定义，还是各学科的定义，都无法对文化做出权威性的解释。难怪英国人类学家威廉斯在对文化进行了几十年潜心解读之后得出了这样一个结论："英语中有两三个最为难解的词，文化即是其中之一。"当然，威廉斯并不是单纯提出一个语义学问题，文化概念的疑难之处并不在于这个词的词义，而在于文化本身的模糊性、不精确性以及不确定性让人难以把握。

很多人文学科涉及文化方面的研究，如人类学、社会学、哲学、语言学等。专门研究人类文化现象及其发生、发展规律的学科是文化学。文化学主要研究人类文化各个层面或子系统之间的相互联系和关系，以及文化现象和自然现象之间的相互联系和关系，从这种综合考察中揭示人类文化的整体结构、特征及其发展演变规律，发现这些文化现象背后的共同本质与普遍规律。文化学的研究成果为跨文化交际研究以及语言文化研究提供了理论依据，理解文化的本质要了解文化的定义、特点、分类等基本内涵。

一、文化的定义

（一）辞源释义

甲骨文中就有"文化"二字，"文"的本意是花纹或纹理，《礼记·乐记》中有"五色成文而不乱"的文字，后引申为包括语言文字在内的各种象征符号，进而具体化为文物典籍、礼乐制度、文采装饰、人文修养等；"化"本意为生成、造化，《易·系辞下》中有"男女构精，万物化生"的文字，引申为变化、教化。"文""化"并用最早见于战国末年的《易·贲卦·象传》："关乎天文，以察时变；观乎人文，以化成天下。"这句话意思是治国者须观察天文，以明时序。观察人文，使人们遵从文明教化。西汉时，"文""化"合成一词，如《说苑·指武》中写道："圣人之治天下也，先文德而后武力。凡武之兴，为不服也；文化不改，然后加诛。"此处的"文化"指与"野蛮"相对的教化。

英文中的 culture 以及德语中的 Kultur 源于拉丁语 Cultus，而 Cultus 源于词干 Col。Cultus 的词意包括耕种、居住、练习、留心或注意以及敬畏神灵的意思。从 Cultus 的词汇意义来看，文化所指不仅包括物质文化，而且包括精神文化。在古代，敬神和耕种关系密切，耕种与居住是物质文化的要素，敬神与哲学是精神文化要素。因此，本意是土地开垦、植物栽培的 culture 引申为对人的身体和精神的开发和培养，进而泛指人们的生活方式、思维方式以及人们在征服自然和自我发展中创造的物质财富及精神财富。

（二）字典释义

《辞海》中对文化的定义是：从广义上来说，指人类社会历史实践过程中所创造的物质财富和精神财富的总和。从狭义上来说，指社会的意识形态以及与之相适应的制度和组织机构。

《牛津简明词典》中对文化的定义是：艺术或其它人类共同的智慧结晶。这一定义主要从智力产物角度阐释文化内涵，即所说的所代表的高层次文化，如文学、艺术、政治等。

《美国传统词典》中对文化的定义是：人类文化是通过社会传导的行为方式、艺术、信仰、风俗以及人类工作和思想的所有其它产物的整体。这一定义涵盖的范围较为宽泛，既包括所代表的高层次文化，又涵盖低层次文化，如风俗、传统、行为、习惯等。

（三）Edward Tylor 的定义

英国人类学家 Edward Tylor 在其代表作《原始文化》中第一次定义了文化，指出：文化是一个复杂的综合体，包括知识、艺术、宗教、神话、法律、风俗，以及人类在社会中所得一切的能力与习惯。很多学者认为这一定义忽视了文化在物质方面的要素，也有学者认为，Tylor 的定义中虽然没有体现物质文化，但他在《原始文化》中使用了很多物质文化的例子来解释他的理论。

（四）Kroeber 与 Kluckhohn 的定义

Kroeber 与 Kluckhohn 在他们的著作《文化，关于概念和定义的评述》中不但总结了角度各异、内容或抽象或具体的文化定义，而且提出了自己对于其的文化定义：文化由外显和内隐的行为模式构成，这种行为模式通过象征符号而获得和传播。文化代表了人类群体的显著成就，包括它们在人造器物中的体现。文化的核心部分是传统观念，尤其是它们带来的价值观念。文化体系一方面可以看作是活动的产物，另一方面则是进一步活动的决定性因素。这一定义几乎涵盖人类生活的方方面面，文化指导人们对待他物的态度和行为，Kluckhohn 甚至认为文化是人们行为的蓝图。

文化的定义难以尽数，从简练而抽象的涉及人类精神文化和物质文化的所有产物，到具体的涉及人类知识、经验、信仰、宗教、价值观念、态度、行为、宇宙观、时间观等面面俱到的定义。理解文化的概念对于外语教学意义重大，文化涵盖的内容可以作为教学内容渗透到语言教学之中，实现以培养语言应用技能为目的，以跨文化交际知识为内容的教学要求。

二、文化的特征

文化是人创造的，与人本身和人的活动有关，这就决定了文化具有传承性、符号性、变化性以及民族性等特征。

（一）文化的传承性特征

文化是一个群体所共享的信息集合，人们获得这些信息的方式不是遗传基因，而是后天习得或学习。文化是人类在发展过程中为满足某种需要创造出来的，为人类所共享，并通过群体传播和继承。文化因可传承而也可积累。人们在社会化过程中获得文化知识，学习对象可能是父母、其他家庭成员甚至是任何人，获得文化知识的方式可以是非正式途径，如日常生活中的观察、经验、阅读等，也可以是正式的途径，如教育等。

（二）文化的符号性特征

语言、文字、图形、宗教仪式等都是通过符号来表示和表达的，人们运用具体的符号表示具体事物或抽象概念。符号是任意的，从形态到意义在不同文化中差别很大。例如，语言是文化的构成因素之一，语言的符号性特征最为明显。例如，汉语的"猫"，英语是"cat"，法语是"chat"，日语是"Neiko"，西班牙语是"Gato"，德语是"Katze"，俄语是"Koska"。图形符号在不同文化中的意义也不同。

（三）文化的变化性特征

文化是人类满足自身需求的结果，文化有适应调节的变化性特征。从历史角度来看，文化是变化的，政治、经济的发展以及外来文化的冲击使各个时期的文化发生变化。"流行文化"一词表现了某一时期、某种文化中的代表性行为、现象或思潮，流行文化体现了文化的变化性特征。从共时性角度来看，文化变化的原因是技术的发展和新发明的出现，如飞机和火车改变了人们的交通方式，使人口流动更加容易，电话、电视、电脑、互联网的出现改变了人们的思维方式和行为方式。文化间相互融合的结果，是全球化进程加快，为了便于交际人们需要统一的规则，如法律等，各民族文化在相互借鉴、学习的过程中改变了原有的文化模式。

（四）文化的民族性特征

文化的民族性或差异性几乎是不证自明的，这方面的文献和事例不胜枚举。美国人类学家露丝·本尼迪克（1987）认为文化好比是个人，"或多或少有一种思想与行为的一致模式"，即每种文化都具有内部的一致性，每个民族都秉承着一种独特的价值观，在这种价值观的驱使下个体之间的异质性也逐渐被统一在共同的目标之下，由此看来文化有助于培养民族认同感。例如，所有人类社会的文化都有关于"美"的认识，但是具体到某一个文化形态下，"美"的表现形式却不尽相同。缅甸克伦族人以长颈为美，越南京族以牙黑为美，汤加则以肥胖为美。又如，不同民族对于颜色词的认识同样受到本民族文化背景的制约，汉语为母语的人群中，"红色"无疑象征着"热情、喜庆、兴隆"等；但以英语为母语的人群中，"red"一词则多与"血腥、危险、警告"等联系在一起。

此外，文化的民族性并不是绝对的，而是也有着主流和非主流之分；其内部也不是均质的，而是充满了矛盾和冲突。但是这些不和谐的现象并非主导因素，文化作为一个具有内在一致性的符号系统，虽然表现形式具有多样性，正如一个群体内部的信仰、道德准则、价值观念等具有差异性，但是每一种信仰都是自身文化核心主旨的实践者。因此，文化的民族性指的是社会成员内部所表现的相对共性而不是绝对共性。

文化的民族性特征对于跨文化交际而言具有极其重要的意义。当不同文化之间的人们进行交往时，跨文化交际就产生了。正是由于不同文化之间具有一定的共性和范式可供参考，才使得文化的冲突得以调和，文化的鸿沟得以弥合，文化的差异得以理解。也正是由于文化具有民族性、差异性、个体性，才使得人类文化呈现出各种各样的面孔，这既是跨文化交际的前提，也对跨文化交际提出了挑战。

例如，"龙"在汉语中有着极其崇高和庄严的联想意义，华夏民族就自称是龙的民族，"龙的子孙"。此外，"龙"还象征着皇权、神力与威严，比如真龙天子、龙袍、龙椅。在汉语中，含有"龙"的词语大多为褒义，例如望子成龙、龙飞凤舞、龙马精神等。然而，英语中的"dragon"则常被用作贬义，《朗文当代英语辞典》对它的释义有两种：一是想象中长着翅膀、长尾巴、能吐火焰的大动物；二是凶恶的女人，母夜叉。例如：The woman in charge of the account department is an absolute dragon.（会计科那个女科长是个十足的母夜叉。）再如，指称同一事物的词语，由于不同文化背景下的引申义或联想意义不同，也会造成交际的失误。例如，有一位外国朋友跟别人说"我喜欢吃醋"，结果引来了哄堂大笑，他本人却一脸茫然。这是因为，在英语中"vinegar"（醋）只是一种调料，不带有任何联想意义，而在汉语中"吃醋"代表的是"为爱而忌妒"。

文化是人类活动的结果，为一个群体所共有。人类的共性使不同的文化模式具有共同的特征，共同特征的存在使我们能够学习、研究、比较文化。

三、文化的分类

广义的文化分类包括物质文化和精神文化两个方面，与哲学不同，文化学不关注精神和物质谁先谁后的问题，而是研究物质和精神方面的文化产品。《易·系辞》中说"形而上者谓之道，形而下者谓之器"，道或形而上的是精神文化，器或形而下的是物质文化。与之相近的观点是穆勒来艾尔在著作《文化的现象及其进步的趋向》中将文化分为两大类：文化的上层机构（语言、科学、宗教与哲理的信仰、道德、法律和美术）和文化的下层机构（经济、生殖、社会组织）。

随着文化研究的深入发展，文化分类逐渐走出物质和精神分类的束缚，产生了多种分类方式。R.Winston 在《文化与人类行为》一书中把文化分为四类:语言文化、物质文化、社会文化、精神文化。语言成为独立的文化成分。在随后的研究中，文化分类被更加细化，如拉策尔在《人类学》中把文化分为九类：言语、宗教、科学和艺术、发明与发现、农业与畜牧、衣服与装饰、习惯、家庭与社会风俗、国家。

文化分类的实质是文化成分或构成文化的要素的分类，文化的构成比较复杂，既包括可见实体又包括抽象概念，这导致了文化分类方式的多样性。从语言教学角度出发，文化的构成决定了语言的教学内容，外语学习者既要掌握目的语言文化的内核，如信仰、世界观、价值观等内容，还要掌握日常的行为习惯、风俗传统。

四、文化的层次

文化是有层次的，这表现在国内外学者对文化的分类上。例如我国学者苏新春把文化划分为物质文化、制度文化和心理文化，这种划分具有一定的代表性。美国人类学家爱德华·霍尔（1988）在《超越文化》（Beyond Culture）一书中首次提出了影响深远的"高语境文化"（high-context culture）和"低语境文化"（low-context culture）。高语境文化指的是在交际过程中，信息的主体是一种含蓄的、心照不宣的、个人内化了的信息，只有极少的信息是被明确说出来的，对信息主体的理解需要借助于语境，真实的信息往往表现为"言不尽意，言内意外"或"言外之意"。低语境文化与之相反，它要求信息被编码后必须明确地传达给对方。

中国作为高语境文化的国家之一，其文化具有含蓄、内敛、注重礼仪等特征。例如我国国画的留白在很大程度上就营造出一种"此处无物胜有物"的氛围。再比如我国道家学派创始人老子所说的"大音希声，大象无形"就是对"高语境"的最好诠释。在日常生活中，过去人们在收到礼物时一般不会当面拆开包装，以免给人迫不及待之感。男人一般情况下也不会当面称赞友人的妻子，否则会被视为无礼、粗鲁。在别人称赞自己时，也要委婉地做出自我否定。然而，随着文化的交流和碰撞，我国文化中的某些现象也逐渐发生了改变。

美国作为低语境文化的典型代表，在待人接物上比较直率、坦诚，在言语行为上也是直言不讳，从来不会拐弯抹角。例如，当你邀请一个美国人去家里做客时，问他觉得饭菜怎么样，如果他回答"很好，我喜欢"，那么表明他真的喜欢你做的菜。而一个高语境文化下同样的回答，则可能有两个意思：一是真的很好，很喜欢；二是饭菜不怎么样，只不过照顾到主人的面子才这么说。因此，在低语境文化下，好就代表肯定，在高语境文化那里，好则可能具有多种理解。

从高语境化和低语境化的分析来看，霍尔对文化层次的划分主要站在文化民族性的高度上，而其他学者的观点，都是就单一文化的自身来说的。我们认为，文化首先包括物质文化和精神文化两个方面，这两个方面不是截然不同的，而是相辅相成的，比如宗教信仰属于精神文化的范畴，但是以宗教题材为主的绘画、建筑、文学作品等却只是物质文化的一部分。在人与实物、人与人关系的基础上所衍生的规章制度、风俗礼仪、行为规范等，既表达了一种抽象的关系，也体现为一系列具有可操作性的步骤。

第二节　交际的基本概念

交际无所不在。每一天，每一刻，人们都在进行交际，只要有人存在的地方，就会有交际发生。日常生活中交际的例子不胜枚举。婴儿一降生就开始啼哭，啼哭就是婴儿与外界交际的方式，它代表的含义可能是"我饿了""我渴了"。再如，汽车驾驶员看到红灯立即停车，这也是一种交际。即使人们在独处的时候，也在交际。交际，即使用符号和语言的能力，这种能力把人类与动物区分开来。交际是所有人类活动的基础。

"交际"是一个特别古老的概念，它来源于拉丁语"Cornmonis"一词，意为"共享、共有"。因此，"共享"和"共有"既是交际的前提，也是交际的目的。通过交际，人们可以获得更多的"共享"和"共有"的东西，如知识、技能等。在交际中，具有同一文化背景的人们可以进行有效的交流，而来自不同文化背景的人们，因为共享的东西有限，在交流时常常会产生沟通障碍，这就是我们所说的跨文化交际。

一、交际的定义

《辞海》中"交际"词条下的释义："敢问交际，何心也？"朱熹注："际，接也。""交际"谓人以礼仪，币帛相交接也。据此意义，该词后来泛指社会各阶层成员交往中人与人的往来应酬。《现代汉语词典》将"交际"定义为"人与人之间的往来接触"，这些都是传统意义上对该词汇的解释。

同文化一样，作为学术上的专业术语，"交际"的定义也是多种多样的，关世杰将跨文化交际中的交流定义为"信息发送者与信息接收者共享信息的过程"。贾玉新把交际看成是交际符号的过程，一个动态多变的编译码过程，当交际者把意义赋予言语或非言语符号时，就产生了交际。《在跨文化交际学》中，贾玉新认为，交际受制于文化、心理等多种因素。但交际不一定以主观意识为转移，可能是无意识的和无意的活动，它是人们运用符号创造共享意义的过程。因此，我们说交际是一种运用符号传送和解释信息，从而获取共享意义的过程。

汉语"交际"一词指的是人与人的往来接触。英语单词 communication来源于拉丁语 communicare，意为"分享"，分享信息，这些信息包括思想、消息、情绪、观点、态度等，分享的方式既可以借助语言，也可以是文字、器物、视觉符号、肢体动作等。国内外学者对于交际的认识众说纷纭，不一而足。迄今为止，关于交际的定义有两百多种，在这些定义中，有的侧重交际的内容，有的关注交际的方式，还有的着眼于交际的符号特征。

丹斯（Dance）从三个维度对交际进行了论述，分别是观察的层次（1evel of observation）、意向性（intentionality）以及规范性评价（normative judgement）。观察的层次，又称抽象化（abstractness）的程度，指的是交际具有较高的抽象性和概括性。意向性指交际行为是有意为之还是无心之举。

在实际的交往过程中，交际双方在信息的传递和接收上并不总是处于一种完美的状态，总是一方主动地、有意地传递某种信息，另一方却可能视而不见或无法理解，导致交际失败。又或者，一方做出某个动作，该动作在本民族文化语境下表现为一种积极的态度，但在另一方的文化背景下却可能被解释为冒犯和侮辱的语意，从而引发交际危机。规范性评价是对交际成功与否的判定。交际的成功，可以表述为，一个完整的交际过程其终点的表现形式。有人主张信息接收者对信息的准确理解是判定交际是否成功的标准，然而现实的交际过程中却处处存在误解或困惑，这两种情形都是因未能对信息做出正确的理解所致，因此我们主张，只要有信息的传递，无论接收者理解与否都表示交际的完成。

综上，交际的发生首先是自身的需要，同时又需要他人的参与。交际的实现不仅需要信息的编码和解码，同时也表明了信息双方之间的关系（Pearson）。例如，在信息内容不变的情况下，使用不同的语气揭示了对话双方之间的关系。例如"麻烦您关一下窗户"和"小张，关一下窗户"这两句话，第一个情景很可能是两个陌生人之间的对话，第二个情景则可能是上级对下级、长辈对晚辈所说的话。交际不是简单的信息传递，而是一个极其复杂的概念，它涉及信息传递的方式，交际双方的关系、性格、言谈举止等方面。

因此，交际是一种行为，它是人们相互之间有意或下意识的一种信息交换。比如一句话、一个眼神，举手投足之间都能够传递某种信息，这种信息包括需求、愿望、感觉或态度等，其他学者称之为关系。交际的构成要素有：信息、信息发出者、信息接收者。在交际过程中，信息接收者既可以是信息的主动接收者，也可以是被动接收者。尽管交际能够突破时空的限制，比如网络的普及使得信息的传递在时间上没有很大的延迟，也突破了距离的约束，但是成功的交际仍然需要交际双方共享一定的文化背景，否则就会导致交际的失败。简言之，交际这个概念的复杂性丝毫不亚于文化，随着时间的推移，对于交际的认识必将获得进一步的深化。

随着交际学在美国的兴起、发展和逐渐成熟，"交际"的概念连同这门学科一起被迅速地传播到世界的各个国家，本书所提及的"交际"一词，主要是指英语中的"communication"一词，不同语言间文化习俗的比较就是帮助在跨文化交际中不同文化背景下的人们互相了解，获得更多"共有"和"共享"的共同点，从而消除跨文化交际过程中的障碍。

交际的过程包括信息源、编码、信息、渠道、干扰、信息接收者、解码、信息接收者的反应、反馈以及语境 10 个要素。

1. 信息源

信息源通常指具有交际需要和愿望的具体的人。信息源是消息的制造者。贾玉新指出，所谓需要就是指希望别人对自己作为个体而存在的认可，对自己思想的共享或改变别人态度和行为的社会需要；而愿望则是指试图与别人分享自己的内心世界的欲望。因为交际过程通常由一人以上参与，所以交际中通常有多个信息源共同存在。

2. 编码

交际过程中人们不能直接共享观念和思想，而必须通过符号的辅助实现交流。人们把通过思想付诸符号的形式表达出来，这个把思想转化成符号的过程即称为编码。贾玉新指出，编码是一种心理活动，是一个依据社会、文化和交往规则，语言本体的词法、句法等规则对语码进行选择、组合和创造的过程。人们表达同一思想的符号并不相同，往往受文化的影响，人们的思想可以通过语言或非语言符号的形式表达。

3. 信息

信息是编码的结果。编码是行为，是动词；信息是结果，是名词。信息表达了信息源想要分享的想法和感受，是信息源内心所思的具体表现，它是交际个体在时空中某一特定时刻的心态的具体写照。信息可以通过语言或非语言符号表达出来，包括词汇、语法和思想的组织，外貌特征、动作、声音以及个人性格的某些方面。每一个信息都是独一无二的，即使制造了同一个信息，接收该信息的方式会有所不同，发生的情景也可能会不同。

4. 渠道

所谓渠道就是传递被编码的信息的途径。渠道是把信息源和信息接收者连接起来的物理手段或媒介。信息传递的手段多种多样：可以是书面形式的，如书信往来、书刊、报纸、告示等；也可以是电子形式的，如电话、电视等；还可以是声波和光波形式的，如广播、录音、图片等。在面对面交谈中，声波和光波就是渠道；在书信往来中，光波是渠道，但是信纸和文字本身也是信息得以传递的渠道。除了使用书籍、电影、录像带、电视机、电脑、广播、杂志、报纸、图片等信息传递的渠道，人们还通过味道、气味和触摸来传递信息，它们也是渠道。

5. 干扰

任何影响信息的因素统称为干扰。干扰又分为很多种不同的形式，可以大致归为三类：外部干扰、内部干扰和语意干扰。外部干扰指分散人们对信息的注意力的声音、图像和其它刺激物。外部干扰来自环境中，阻止信息的接收，如你和朋友在聊天，这时直升机从头上飞过，你们听不到彼此说话，直升机的轰鸣声就是外部干扰。内部干扰指信息的发出者或接收者的思想和感受没有集中在交际本身，而是集中在其它的事情上，如上课时学生饿了，想着午餐，而没有集中注意力听课。有时，人们的信仰和偏见也会成为内部干扰。语意干扰指信息源发出的信息符号包含多个意思而造成的干扰。

6. 信息接收者

信息接收者是接收并注意信息的人。信息接收者可以是有意图接收信息的，如他就是信息源意欲交际的对象；也可以是无意图的，如他恰巧听到了某个信息。交际通常是一个连续不断的、反复的过程，交际中人们通常既是信息源又是信息接收者。

7. 解码

解码是与编码相反的过程，也是一个对信息加工的心理活动。信息接收者积极地参与交际过程，赋予接收到的符号信息以含义。

8. 信息接收者的反应

信息接收者的反应指信息接收者在解码后的行为。信息接收者的反应可以是对信息源的行为听而不闻、视而不见，不采取任何行动；也可以是采取了信息源所期待的行为，甚至可以是信息源不希望看到的行为。

9. 反馈

反馈是信息接收者反应的一部分，是被信息源接收到，并且被赋予含义的信息接收者的反应。不同的读者阅读同一本书后会有不同的反应，但是只有读者参与了某项调查，或者是给作者写信谈了自己的感受，反馈才能被称为发生。反馈对交际有十分重要的意义，交际者可以通过反馈来检验是否有效地传达和分享了信息，以便及时对自己的行为做出调整。一般来说，在面对面的交谈中，交际者得到反馈的机会最多。

10. 语境

语境是交际中的最后一个组成部分。所谓语境，就是交际发生的场所和情景。语境可以是物理的、社会的也可以是人际的。交际发生的语境能够帮助人们更加深入地了解交际。比如一旦人们了解了交际发生的物理语境，某种程度上就可以准确地预测所要发生的交际。

二、交际的特征

基于交际的定义，我们知道交际通常指人与人之间相互作用而产生的过程。这个过程由传递方、接收方、信息、传媒、噪声等因素构成。

（一）交际是一种运用符号的过程

特定符号能够表达一定的意义，这是因为一个群体的成员对于某一符号所代表的意义已经达成了相对一致的认识。在这里，符号可以是一个动作、一个眼神、一件物品或是一句话，它是表达意义的有效单位。来自同一个文化背景下的两个人比较容易通过交流来达到交际目的，因为他们对于同一符号表述的意义有着相近的理解，但绝对不是一模一样的复制理解。而对于来自不同文化背景的人们来说，他们对于同一个符号可能就会有大相径庭理解，容易造成不顺畅的沟通体验发生。

（二）交际是一个传送和解释信息的过程

一个交际过程的组成因素包括传递方、接收方和信息等。由一系列特定符号形成表达一定意义的符号群所传递的就是"信息"。信息传送是指将思想、情感或态度等转换成他人可以理解的形式的过程，其中，传送信息的形式可以是书面言语形式，也可以是非言语形式。解释信息是指根据一定的环境理解信息所承载的意义，其意义是信息接收者对信息的自身理解。因此，在同一文化背景下，不同交流者对于同一信息有不同的理解，信息的传送者和接收者对信息就会有不同的会意。而对信息理解意义的不同就决定了交际是否成功，是否会出现较大障碍导致交际无法继续进行。此外，在传递方和接收方进行的交际中，信息的传送和解释不是一个静态的过程，而是一种动态的、处于变化之中的过程。同时，交际还是一个不可逆转的过程，也就是说，交际中发出的信息一旦被对方接收，就不可能反悔重来，即便经过修正后重新发出，对于接收者而言，那又是一个新信息。交际的过程一旦完成，就是一个不可撤销的过去完成时。

（三）交际是一种共享意义的获取

交际中，传递方和接收方传送和接收的是一系列符合所表述的信息，也就是说，信息可以被传递，而信息的意义则取决于传递方和接收方的会意与理解，因为它的意义会受社会中众多因素的影响和制约，如双方的文化取向、社会地位以及交际发生的场合等。成功的交际过程要求发送者在发送信息时将他要表达的意义赋予特定的"符号串"，同时必须考虑到信息发送的环境、方式、渠道等因素，接收者通过接收"符号串"来获取信息意义。此时的信息意义，虽然与发送者所要传递的意义有一定的差别，但是仍然可以看作是发送者和接收者所共享的意义。因此，交际是信息接收者与发送者共享意义获取的过程。

（四）交际活动是一个有规律可循的行为

交际可以分为言语交际和非言语交际两种。言语交际需要遵循一定的语法、语用和语篇规则，非言语交际也需要遵循一定的社会文化规则，这就导致不同文化背景下的交流者在进行交际时，往往因为上述规则的不同而使交际变得非常困难。但是，只要交际双方掌握了这些不同文化背景下的社会文化规则，就能够实现有效的跨文化交际。此外，交际双方可以根据交际活动的规律性预测交际行为的结果，预测的准确程度则取决于对交际因素的掌握程度。贾玉新认为，同一个文化背景下，人们的交际遵循的是同一套规则，因此更容易预测交际行为的结果；而不同文化背景下，人们的交际遵循的可能是两套不同的规则，或者一方对另一方的规则不太熟悉，这都会导致交际者在交际时出现一定障碍。但交际具有适应性的特点，处于交际中的人总是有意无意地尽力适应对方、适应各种外界的社交环境。

第三节 文化与交际的关系

霍尔提出"文化即交际，交际即文化"，这一论断概括了文化与交际的关系，即两者难分彼此、互相缠绕在一起。文化的产生、交流传递等有赖于个体与个体、个体与群体之间的交流，在这个意义上，整个人类社会的文化就是交际的产物。交际不能在真空中进行，交际双方都带有某种文化特质。文化与交际相辅相成，文化决定着交际模式，有着相同文化背景的人们在交际中视为理所当然的事情，在其它文化中可能具有不同的，甚至相抵触的含义。交际同时又反作用于文化，高语境文化和低语境文化之间没有不可跨越的鸿沟，在全球化的今天，两者之间可能发生互相的转变。由此可见，文化和交际具有高度的关联性，两者的区别在于文化侧重结构，而交际侧重过程。交际是文化的一部分，文化认同是交际得以进行的前提，而交际又为我们体认不同的文化提供了必要的途径。

文化与交际之间的关系非常密切，两者之间的界限并非一目了然、清晰可辨的。一个民族的文化表现为它的绘画、建筑、文学、信仰、道德、法律等，但是我们如何体认这些具体的表现形式呢？答案是必须借助交际。比如，我们从简·奥斯汀的小说中能够感受到 18 世纪英国乡村的社会道德标准，这表明文学作为文化的一部分，是以文字编码的形式向我们传达一种特定的信息。从最宽泛的意义上来说，文化即交际。

此外，价值观、伦理道德等在指导和规范交际行为中发挥着关键作用，比如在美国，询问别人的年龄和收入是不礼貌的，在中国却是可以被接受的。再如，在中国，在公交车上给老人让座是一种美德，在美国这样做会被理解为对老人的歧视。显而易见，文化是交际的基础，文化不仅参与了交际的每一个步骤，而且决定着交际能否顺利进行。反之，交际也反作用于文化。交际的拓展和深入，有助于文化的发展。例如，历史上我国与其它国家的贸易往来和接触，在语言上留下了一些可供探寻的痕迹，表现为本族语言对外来词的借用。再如，佛教自东汉时期传入我国，对我国人民的思想意识、文化艺术、民族关系、宗教信仰等都产生了极大的影响。交际对文化的影响还表现在人格的塑造上。就个体而言，他的价值观、人生观、世界观的形成要受到父母、朋友、周边人的影响。个人的成长正是在与他人的交往中实现的，父母和老师教给我们一些社会成员必须遵守的规则和习惯，我们与朋友、同事之间的互相扶持促使我们进步，我们从陌生人的故事中获得正能量或吸取教训等。如果没有交际，个体文化的建立也就无从谈起。

第四节　语言与文化

一、语言

在很多文化分类中，语言都是其中重要的组成部分。了解语言的内涵、功能以及文化对语言的影响等问题，有利于认识语言在交际中的作用，以及在语言教学中进行文化教学的必要性。

（一）语言的定义

美国语言学家 Sapir 认为，语言是人类所特有的、非本能地使用自发创作的符号沟通思想、表达情感和愿望的交际手段。Chomsky 在《句法结构》一书中指出，语言是一组（有限或无限的）句子，每个句子长度有限，并由有限的成分构成。虽然语言学家对语言的定义在表述上有区别，但是他们都是从语言本质的角度出发，大多数语言学家的观点是：语言是用于交际的符号系统。

语言学家认为，语言是人类所特有的交流手段，动物虽然也有各式各样的沟通方式（如气味、舞蹈、声音等）却无法与人类语言相比。我国古人也认为："人之所以为人者，言也；人而不能言，何以为人？"美国语言学家 Charles Hocker 提出人类语言不同于动物沟通方式的区别性特征，包括：语言的任意性，指符号与所指物之间的关系是任意的，即词素的音和义之间的组合是任意的，不是有意设计的。语言结构的二重性，指在语言研究中发现语言具有双重结构的特征。在语言的高级结构中，语言是有意义的最小单位的集合，如词素和词；在语言的低级结构中，语言是序列化的切分成分的排列，这些切分成分自身没有意义，但是可以组合成意义单位。在语言结构中，低级层次中的语音单位组成高级层次中更大的单位，叫做结构二重性。语言的创造性，指我们可以理解和创造本族语言中无限多的句子，而且包括那些从未听过的表述。语言的创造性和能产性来自语言的二重性，说话者能够结合各个语言单位形成无数的句子。不受时空限制，指语言既可以描述在场的事物，也可以描述不在场的事物。换言之，语言可以描述过去、现在、未来的真实的或想象的东西，甚至可以描述自身。语言的文化传递性，指语言系统必须通过学习才能被获得。尽管人类语言能力需要一定的生物基础，但语言不以生物基因方式传递。人们学习语言是文化现象而不是生物现象。

随着语言学研究的发展，语言的构成要素如语音、句法、语意、语用等领域的研究都有了长足的进步，但是对于语言产生的研究还停留在假说阶段，如摹声说、感叹说、劳动叫喊说等。摹声说认为，语言起源于对外界声音的模仿。如英语中的 ukoo（布谷鸟）类似于布谷鸟的叫声，即语言中的拟声词汇。感叹说认为，语言起源于原始人因各种感受而引起的感叹。人类的原始语言就是由这种感叹声演变而来的，如英语中的 hi、ouch 等。劳动叫喊说认为，语言起源于伴随劳动发出的叫喊。这种叫喊声演变为劳动号子，进而演变为原始语言。然而，这些假说中可能创造出的词汇数量有限，不能完整概括人类语言的复杂现象。有些学者提出"语根说"，认为语言中大多数词由语根构成，语言学家缪勒的研究表明梵语中有 1706 个语根，希伯来语有 500 个，汉语有 450 个。语根就像木枝和石头，堆砌成各种器物，语言通过语根的变换组合才形成无数复杂的词语。

（二）语言的功能

语言是交流的工具，所以语言的主要功能是交流。Jakobson 在《语言学和诗学》一书中定义了言语行为的六个要素：说话者、受话者、语境、信息、语码、接触，并在此基础上构建了语言功能框架；Halliday 提出语言元功能理论，包括概念功能、人际功能和语篇功能。概念功能构建经验模型和逻辑关系，人际功能反映社会关系，语篇功能反映语言和语境的关系。由于各种语言功能学说具有一定的重复性，胡壮麟总结了语言的六种主要功能。

1. 信息功能

语言反映思维的内容，记载、记录信息，是语言的重要功能。Halliday 的概念功能是信息功能，语言为表达内容服务，内容是说话者自我意识的内部世界。

2. 人际功能

人际功能是语言的社会功能，人们建立并维持在社会中的身份地位。功能语法框架中的人际功能注重说话者和受话者的相互关系，以及在话语中表达的态度，即表明交际双方亲密程度的语气及称呼上的用词等。

3. 施为功能

语言的施为功能，即行事功能，指在正式场合中使用的仪式化的语言，其结果可能改变受话者的命运、社会地位等。例如，婚礼、宣判、祈福等场合中持有话语权的人所说的施为性语言。

4. 情感功能

情感功能既可以体现为改变受话者情感的表达，如赞扬、责骂等，也可以是说话者自我情感的表达，如表示懊恼、愤怒或感叹等。

5. 娱乐性功能

娱乐性功能是利用语言的音、意、节奏等进行游戏性质的表达和创作，如绕口令、儿歌、诗歌等，以语言的精妙来进行娱乐。

6.元语言功能

用语言记载和描述研究的过程和成果，语言的这一功能叫作元语言功能。

二、语言与文化的关系

语言学家从语言本质的角度论述语言的功能。语言作为一种人们共享的符号系统，是文化的产物，是文化的重要组成部分，所以从文化角度看，语言承担着重要的文化功能。

（一）语言影响文化学说

20世纪50年代，在美国人类学家、语言学家萨丕尔（Edward Sapir）和他的学生沃尔夫（Benjamin Lee Whorf）过世后，一些语言学家为概括其相关理论而提出的一个命题"萨丕尔-沃尔夫假说"（Sapir-Whorf Hypothesis），它包括两个基本观点：

1.语言决定论，即语言决定思维、信念、态度等；语言不同的民族，其思维方式完全不同。这是该假说的强式表述或观点。

2.语言相对论，即语言反映思维、信念、态度等。换言之，思维相对于语言，思维模式随着语言的不同而不同。该假说的弱式表述或观点是：语言影响思维，语言不同的民族，其思维方式在一定程度上有差异。萨丕尔-沃尔夫假说在人类学、社会学、哲学、心理学、语言学等一系列人文科学研究中产生了巨大的影响，引起了激烈的争辩。语言影响思维，语言不同意味着说话者感知的世界也同样存在一定的差别。例如，因纽特语中有很多表示"雪"的词汇，根据语言决定论的观点，因纽特人对雪的认知与其他民族不同。

随着语言学、语言文化学研究的发展，萨丕尔-沃尔夫假说被新的理论推翻，关于"雪"的著名例证也被相关研究推翻，但是语言决定论反映出语言与文化的紧密联系没有被推翻。

（二）语言反映文化

语言是一种符号，通过记录，表达人们的认识、思维、交际，参与文化的形成。《圣经》中亚当接受神的旨意为万物命名，以语言符号把物质世界引入人类的文化体系当中。语言不仅是文化的记录者，还是文化的创造者。例如，"相声是一门语言的艺术"，艺术是文化的重要组成部分之一。

1. 语言反映生存环境

文化的形成离不开自然地理环境的影响，特定的地理环境造就特定文化，特定文化反映在语言中形成特定的表达。正如因纽特语中有数量众多的关于雪的词汇一样，山地文化或畜牧文化中的自然生活环境和生活方式以及物质文明在其语言中都有所体现。英语习语和谚语中有大量的关于海洋的表达，如 poor fish（可怜虫），体现了英国海洋文明的生存环境和生活方式。

2. 语言反映风俗习惯

风俗习惯是一种社会文化现象，是社会群体经过长期的共同生活而共同创造、共同遵守的生活习惯和行为习惯。民间的风俗和习俗包括社会礼仪、习惯、生活方式、婚姻传统、信仰、迷信等。汉语中礼尚往来、先来后到、人敬我一尺，我敬人一丈等表现出中国人的处事态度和行为习惯。英语习语"let one's hair down"意思是放松，在英国早期的习俗中：妇女不管在什么场合中，头发都得往上梳理整齐，只有单独一人时才能把头发放下来，所以"把头发放下来"意思是放松一下。中世纪英国生活习俗中习惯把盐罐子放在长方形餐桌的中间，贵宾一般坐在盐罐子的上首，一般客人或随从坐在下首，因此"above the salt"意思是"处于受尊敬的地位"，而"below the salt"意思是"处于无足轻重的地位"。

3. 语言反映民族心理

语言是民族文化的载体，体现民族心理，如伦理道德观念、价值观念等。中国文化基于农业文明，封建主义社会重视亲属关系，亲属的称谓细致严格。汉语中"嫂子"译成英文是"sister-in-law"，但是这两个词的词意并不完全对等。"嫂子"指哥哥的妻子，"sister-in-law"表示兄或弟的妻子。从形态特征来看，"嫂"的字源为"叟"，意思是长者。《仪礼·丧服》中释义为"嫂者，尊严之称。嫂犹叟也。叟老人称也"，可见"嫂"字体现了中国人家庭伦理观中严格区分长幼尊卑、君君臣臣、父父子子、长兄为父、长嫂为母的等级制度。英语中的"sister-in-law"意思是"从法律角度来讲是姐妹"，体现了英语文化从法律角度看待婚姻亲属关系的民族心理。

词汇中褒义词汇和贬义词汇也反映了该文化的民族心理。游牧和狩猎是西方原始居民的重要生存手段，古希腊神话中有狩猎女神和牧神。狗是狩猎女神的好伙伴，在很多关于狩猎女神的画像中都有猎狗相伴。对于放牧来讲，狗的地位更是举足轻重，古罗马节日牧神节（2月15日），牧神祭司宰杀了羊和一只狗作为贡献给牧神的礼物，羊是放牧的对象，狗是牧神的助手。狗在西方文化中被看作是人类的挚友，西方人不仅有养狗的习惯，而且不吃狗肉。英语中有很多用狗来描述人们日常行为的词，如 work like a dog（拼命工作）；Love me，love my dog（爱屋及乌）等。

中国是农业文明国家，在日常工作和生活中对狗的需求故而并不强烈，有关狗的表达贬义很多，如鸡鸣狗盗、狼心狗肺、人模狗样等；相比之下，牛是耕种的好帮手，关于牛的表达便有很多赞誉之词，如俯首甘为孺子牛、三牛精神等。可见，从言语表达中，我们可以看到一个民族的好恶和传统，语言反映民族价值观念。

综上所述，语言是文化的组成要素，语言记载文化、传承文化、反映文化。有些民族在发展和与外族融合的过程中失去了自己的语言，即使该文化用其他语言记录下来，得以传承，文化中的部分内容也会随着现实语言的消亡而流失。

反之，文化影响语言的结构和含义，文化的动态特征导致语法和词汇意义的变化。例如，古代汉语文言文的语法结构与现代汉语差别很大，定语后置现象和状语前置现象有很多。随着社会的发展，时代的变迁，白话文运动、汉语拼音方案、简化字、标准普通话等运动使汉语发生了巨大的变化。新事物、新思潮的出现，外来文化的影响也使很多词汇的意义发生了巨大变化。例如，"小姐"一词，原是对古代贵族家庭中的女儿的尊称，后泛化为对女子的尊称，但是由于词意下降（贬义化），现在对女子多敬称为"女士"。英语中描写新文化现象、文化潮流、时代特征的词汇也很多，如 hippy 嬉皮士，yuppie 雅皮士，Watergate 水门事件，后泛指政治丑闻。文化创造了这些词汇，同时这些词汇也记录了文化，并反映了当时的文化特征。

语言与文化关系密切，正如洪堡（Humboldt）所言："民族的语言即民族的精神，民族的精神即民族的语言。"（胡明扬，1988）它们之间的联系首先是由语言的本质决定的。语言是文化的符号。人类文化世界的建构与运作正是通过语言的命名活动和语言的制约作用得以实现的，语言符号把所指称的事物引入文化，而语言结构本身又对文化具有重要的制约作用。萨丕尔（Sapir）甚至认为语言的这一制约作用在某种意义上是决定性的，他指出："现实世界在很大程度上是不知不觉地根据人类集团的语言习惯建立起来的。"（刘守华，1992）其次，从人类文化的特性来看，语言又是文化存在和发展的基础。无论是文明的传承积累，还是社会的交际沟通，语言都是重要的工具。并且，由于人具有思维能力，尤其是抽象思维能力，而人的思维活动的本质特点，在于它不仅与感性认识相联系，而且与语言相联系。博林格等人在《语言面面观》（Aspects of Language）一书中也指出："语言对于表达人类复杂抽象的概念范畴乃是必不可少的。"（Bolinger & Sears，1981）可见，语言作为人类文化中最重要的一种符号系统与文化本身存在着特殊而密切的联系，可以将语言视作文化系统中的一个子系统。语言与文化之间的这种内在联系，是我们理解外语教学与跨文化能力关系的基础和前提。

在我国的外语教学中，文化教学和外语教学中的文化导入已经不是一个陌生的话题。以英语教学为例，开展英汉语言文化差异的对比研究，对于建立学生的跨文化知识体系是至关重要的。在这方面已有不少研究，但目前深度还不够。跨文化认知的顺利实现，需要交际双方在理解信息时有共同的语义定位（Semantic orientation）。例如，对 breakfast 一词，中国学生和英美人士的语义定位是不同的，要准确把握对方的含义，除理解字面和具体语境中所指的意义外，还需要了解不同文化中该词的一般意义。了解不同文化中 breakfast 的不同语义范围，是实现准确的语义沟通所必需的，这属于文化教学的表层范畴。而要正确理解 privacy 一词，就需要深入西方文化的价值体系和思维方式中，发掘其深层的文化内涵。

三、语言教学与文化教学

英语教学中语言教学与文化教学之间的关系，一直是近几十年来我国英语学术界和教学界十分关注的重要问题，争论也相对比较激烈。一方面，否定者不承认文化教学的提法，赞同者赞成正确区分两者关系，过激者夸大文化教学的作用；另一方面，尽管多数人对文化教学之必要性已有一定的共识，认识到语言与文化密不可分，文化因素在语言教学中无处不在，以及语言能力与文化能力"需要单独对待、分别培养"等（王振亚，1990），但实际教学中或许是受传统和习惯影响，忽视语言及语言使用中存在的文化因素的还大有人在，或是走向极端，将英语教学干脆变成文化教学等。凡此种种，都说明语言教学与文化教学关系的问题值得从理论上做进一步的探讨，更值得从理论与实践的结合上做更加深入的研究。

（一）语言教学与文化教学的地位

讨论语言教学与文化教学的关系，首先要解决如何界定英语教学基本性质和特征的问题。毫无疑问，英语教学作为一个单独的学科，就教学形式、内容和目的而言，必然有其既趋同于又区别于其他教育学科的种种特征。首先，它是语言教学，具有与其他各种语言教学相同的一般性质；其次，它又是非母语教学即第二语言教学，因而具有与母语教学非同一般的性质特征和特点，那就是跨文化的性质和由于跨文化而带来的种种差异。这就决定了英语教学同时具有性质的双重性、特征的双重性和过程的三重性等特点。性质的双重性即为上述的语言教学的普遍性和非母语教学的特殊性；特征的双重性则体现为既有母语干扰同时又有母语文化干扰的双重因素；过程的三重性表现为在重构语言规则系统的同时，还要重构语言使用规则系统和文化规则系统，即同时实现语言、使用、文化的三个过程。这便是我们对英语教学本质及特征最基本的认识，也是我们深入讨论语言教学与英语教学相互关系的立足点。

基于以上认识，我们认为语言教学和文化教学在英语教学中各自定位的问题就比较容易解决了。显然，英语教学中的语言教学是第一位的，因为它具备一般语言教学所具有的基本性质：内容是语言知识的传授，方法是语言教学法，教授者是懂得该语言的教师，学习者是以该语言为学习对象的学生。无论是教学对象、教学方法还是教学主体，都首先必须与语言本身有关，而不是与此无关的别的内容。因此，我们认为语言教学在英语教学中具有"本体的性质"。所谓本体性，指其有本质的、不可动摇的首要地位：它既是教学永恒的基点，又是教学过程中不变的主题，还是教学的根本出发点和归结点。离开或偏离该本体，也就谈不上英语教学。而文化教学则是英语教学的特有形式，并不具有一般语言教学所有的普遍性质和规律，因此它在英语教学中是属于第二位的或次要的或"辅助的性质"。所谓辅助性，是指它不占有本质的、主导的地位，它的实施归根到底是为实现语言教学之根本目的服务的。正确认识这一点十分重要和必要，因为它规定了文化教学的性质——从属于语言教学，也限定了文化教学的实施范围——不超出语言教学特定的"区域"。性质和范围的确定，是我们有效克服目前英语教学中存在的"文化缺乏症"或"泛文化症"的可靠保障。

（二）语言教学与文化教学的相互关系

上述"本体性"和"辅助性"，是我们分别对语言教学和文化教学所做出的基本定位。那么，作为具有两种不同性质和特征而同时又存在于英语教学中的语言教学和文化教学，它们之间又是怎样的一种关系呢？大量研究成果和实践都证明，它们之间的关系具有同步性、互补性和兼容性的特点。

1. 所谓同步性，一方面指语言教学与文化教学的过程是同步进行的，在第二语言教学进行的同时第二文化教学；另一方面指语言学得和习得机制与文化学得和习得机制是协调一致的，同时共进的，即我们在学得和习得第二语言的同时，也需要学得和习得了该语言所包含的文化。当然，先决条件必须是在语言教学的同时也进行相应的文化教学。正如有学者所指出的，在学习第二语言的时候会"形成一种自我疆界""学习第二文化的目的就在于超越这种自我疆界，或者说扩展这种自我疆界。消除两种文化接触时所产生的障碍，使自己处于目的语国家人们的位置和思路上，达到移情的理想境界，这就获得了第二个新的自我认同"。（盛炎，1990）可见，第二个新的认同的获得，只有在第二语言与第二文化同步学习中才能得到一定实现。

2. 所谓互补性，是指语言教学和文化教学是互为条件、互为补充的。从互为条件上看，离开了语言教学，文化教学就失去了赖以生存的物质条件，就会成为无米之炊、无本之源。而脱离文化教学的语言教学便会出现"营养缺乏症"，显得"瘦弱"而"乏力"，教学内容枯燥而导致无法激发学生应有的学习兴趣；从能力培养上看，仅传授语言知识而不进行相应文化知识的教学，培养的学生充其量只拥有语言能力，而难以具备真正的跨文化交际能力；从相互机制上看，语言教学是文化教学的基础和必要条件，而文化教学又能"反作用"于语言教学，拓展语言教学的深度和广度，能够有效提高语言教学的质量。

3. 所谓兼容性，是指教学过程的实施和教学目的的达成，必须把语言教学与文化教学有机结合起来，使其达到"有机结合"的效果。现代教育理念告诉我们，英语教学不结合所学语言国的文化是一种不完全的或残缺的教学，只有把语言教学与文化教学合二为一，或寓文化教学于语言教学之中，那才是现代意义上的完全的教学。这是从教育理念上来说的。另外，从语言与文化水乳交融的固有的内在关系看，兼容是一种必然，人为地割裂则会违背语言与文化关系的本质，也会背离语言教学之规律。语言是"符号的文化"，是文化的一种表现形式，而文化则是包括符号文化在内的"人化"。它们之间的关系是我中有你、你中有我，相互兼容，又相互制约，不可分离。

（三）语言教学与文化教学相结合的条件

要使英语教学过程中实现语言教学与文化教学有机结合，仅有主观认识上的到位是不够的，更重要的还应有必要的物质上的支撑。它离不开作为物质的语言、文化和作为催化剂的教师的支撑。

实践证明，制约语言教学与文化教学有机结合的因素很多。但其中最主要的有三个：一是要有相应的"硬件"保障（此处的"硬件"指物质条件，主要指作为教学依据的语言教学材料，即如何给英语教学提供一套既适合语言教学又适合文化教学的综合性教材）；二是教师之间的跨文化交流素养；三是要正确处理好语言教学和文化教学两者之间的关系。

1. 一套适合文化教学的教材

从我国现行的几套英语教材看，尽管在编审过程中已经注意到了语言文化材料的选择和增加语言文化知识等问题，如选编一些典型的语言文化课文，在课文后对语言材料做些文化背景注释，加强语言材料的交际性和实用性等，但就总体而言，它们在揭示和体现语言的文化内容方面仍是不够的：一是没有确定语言文化知识的最低量，选材时过多地考虑了材料的难易程度和语法项目的安排；二是没有对语言文化知识的掌握做出明确的规定和要求，而只是作为教学中的一种辅助性工具；三是语言文化的注释范围过于狭窄，内容也比较简单，只限于专有名词和习惯用语等；四是没有列出语言文化知识的专项或综合练习等。从以上四个方面可以看出，现行教材在总体设计上遵循的依然是"知识性语言教材"的传统思路，而不是"交际性语言文化教材"的新思路。

从这些教材的教学内容、教学范围和教学层次看，在文化体现问题上还存在以下几个共同的缺陷：

①缺乏系统性。一是教材对语言文化知识的介绍缺乏统一的总体设计；二是没有按照教学阶段来设置语言文化内容，而是零散和不均匀地分布于各册教材之中，使教师难以把握文化介绍的范围及"量"和"度"；三是没有从交际中最一般的形式入手，去揭示跨文化交流中最容易出现的"文化误解"和"文化冲突"的内容。

②缺乏层次性。在语言教材中体现文化内容，应当充分考虑英语教学的层次。按照大纲的要求，基础阶段教学的中心任务应该是"打好语言基本功"。介绍文化应主要集中在语言的和非语言的"浅层文化"范围内，提高阶段应转入以语言交际能力为主的培养。

③缺乏准确性。有的教材对语言文化内容的介绍不够全面，主要表现在侧重于"纯国情知识"，即知识文化的介绍，如某城市的历史及人文地理、社会发展等情况，而对"语言的文化背景"即交际文化的内容则往往介绍得

不够或干脆"不予理睬"。准确的语言文化介绍或注释，应在语言本身包含的文化背景知识上多做文章，给学生交代语言及语言使用中的文化内涵及文化伴随意义。

以上是就总体情况而言的，实际上每套教材的具体情况都各不相同，有的选材较好，所选语言教材中含有大量的语言文化信息，因而便于语言文化教学；有的选材本身就有问题，难以按文化背景原则显示其文化内涵。所以，具备一套好的教材是十分重要的。

2. 教师的跨文化交流素养和意识

显然，仅仅有语言材料，但是不能运用相应的教学方法或师生两个主体尤其是教师缺乏应有的文化素养和文化洞察力，也是很难将语言教学与文化教学有机结合到一起的。

课堂教学一直是学生学习英语的主渠道。随着社会对外语运用能力的要求越来越高，外语教师所肩负的责任也就越来越大，承担着语言教学与文化传播的双重任务。要想搞好英语教学中的文化教学，教师不但应有深厚的语言功底，还必须具备较高的英语文化和汉语文化的修养及很强的跨文化意识。在教学中要将这些文化和意识传授给学生，使其能够内化于思维之中并能服务于语言运用。这样的英语教学对教师的素质提出了更高的要求。为此，英语教师要不断加强自身的业务学习，提高自己有关中西文化的综合素质，提高跨文化交流意识，才能担负起在英语教学中进行文化教学的历史重任。

3. 正确处理语言教学与文化教学的关系

正确处理好语言教学与文化教学的相互关系，是搞好英语教学的必备条件之一。对此，我们认为最重要的还是首先要摆正它们各自的位置，既不可用语言教学来替代文化教学，犯"文化缺乏症"；也不可"本末倒置"，以文化教学来冲击语言教学，犯"泛文化症"。就此我们想强调以下两点：一是英语教学中，语言教学过去是、现在是、将来也必定是最主要的一环，但同时还应该有背景知识的文化教学，两者都不可偏废；二是英语教学中，人们往往习惯于重视显性的语言，而忽视隐性文化，因而着重强调文化教学的重要性，在一定的阶段是对的，也是必要的，但必须要有个"度"。任何时候都不能过了头。其次，要正确处理好语言教学与文化教学之间的关系，我们认为还需要从宏观层面出发，真正从理论上认清语言与文化、语言能力与跨文化交际能力，以及英语学科与其他有关学科之间的关系。唯有这样，方能高屋建瓴，语言与文化教学才能真正做到合二为一，实现齐头并进。

第二章 跨文化交际与英语教学的融合

第一节 跨文化交际与英语教学

我们所生活的这个时代，是一个文明的、进步的、与国际接轨的新时代。在教育上，我们需要改变以往的传统的旧观念，视野更为开阔，放得更远。改革开放以后，我国发生了翻天覆地的变化，有好多国内的东西传到了国外；同时，也引进了很多新的事物。这样，我们就更要加强自身的文化知识学习，跟着我们时代的脚步，一起前进。英语是西方的文化，和我们五千年的历史文化有很大不同，也有自己的语言习惯，在很多事物的表达方式上也具有自己的特点。在英语中，同一个语言可以表达很多种意思，用我们自己的思维习惯来解说英语会出现差异。

一、了解西方文化能更好地学好英语

（一）要学好一种语言，就要了解它的文化

用我们有限的知识去学习一门陌生的语言是很费力气的，要想学好它就要去了解它，常言道"知己知彼，方能百战百胜"学习和打仗是一样的，只有用好了方法，了解对方，才能打胜仗。那么，在英语学习中，我们怎样才能打胜仗呢？那就是需要去了解它的语言文化、历史文化、语言习惯等等，有了一定的了解，那么我们学习起来就不再像没头苍蝇一样乱撞了。学习文化是为学好与语言打基础的，了解了西方文化，也就了解了他们的生活习惯，语言是为生活服务的，那再学起来就不会那么难了。

很多学生都说，我们用以前的老办法死记硬背，容易忘，平时读得多，听力训练也不少，但却总也学不好，这是为什么呢？那么，在我国，很小的

孩子就会说话，不用教、不用学，这又是为什么呢？这就是环境文化的影响。了解了一个民族的文化，对它就不再那么陌生了，跟它有关的东西自然就越来越学得顺手了。想要学好英语，就要理解他要表达的意思，只有你熟悉了它，才能在任何时候都认识它。不同的单词在不同的句子中有不同的意思，同一个单词在不同场合也有着它不同的用法，这与我们的母语是有很大不同的。听力训练中，我们要听懂他所表示的意思，才能更好地记忆下来，任何新事物的学习都有这样或那样的问题，但是，只要我们掌握了学习要领，了解它的基础文化的表达习惯，那么再学起来，其实就不难了。

（二）符合时代发展的要求

英语目前已经成为世界上的通用语言，随着社会的不断发展，人与人之间、国与国之间的交流也越来越密切，各个国家文化，科技交流越来越广泛，英语就成了国与国之间交流不可缺少的交流工具。所以，我们学好英语是非常重要的。在这里跟大家分享一个小故事，说是有一天，鸡妈妈带着鸡宝宝出去散步，小鸡们正玩得高兴，忽然从树后面跳出来一只猫，小鸡们害怕极了，四散逃走，鸡妈妈急中生智学了几声狗叫，把凶狠的猫吓跑了，小鸡们得救了。鸡妈妈对小鸡们说："孩子们，你们看，学好一门外语是多么重要啊！"这是大家都耳熟能详的故事，是有一定道理的。

现如今的时代是科学发展的时代，掌握了人才，就相当于掌握了科技。那么英语作为国际上通用的语言，我们对英语的学习也就变得刻不容缓了，现在我们的学校都开设了英语课堂，硬件措施已经很到位，只有学习英语有关的文化，才能进一步学好英语，达到跨文化教学的目的。

二、培养学生跨文化的学习习惯

（1）从日常习惯用语入手学习英语。日常习惯用语体现了一个民族文化的基础，可以更好地了解文化底蕴，给我们的学习带来帮助。这些都能体现出人们的生活习惯、爱好、风俗习惯等基本知识。以这些语言与我们的语言相比较，找出不同点，可以加强自身记忆和理解。例如：Where are you？用我们的语言来说是"你在哪儿"，而英语中的你，就是 you 在句子的末尾，而哪儿 where 被放在了句子的开头，而且句子开头是要大写的。所以在英语中的语法排列和我们的语言是不同的。再如：Do you want some noodles？在这个一般疑问句中，noodls 这一单词是复数，因为面条不是单一的，是很多根。Good luck！（祝你好运）good 是好的意思，luck 是运气，china 中国，chinese 中国的，是不是和我们的语言表示有很大不同？straight 直的、直线的，go straight on 直着走，kid 小孩，children 孩子们，同样的意思在英语中有不同的表示方法。如：tomato 番茄、西红柿，Potato 马铃薯、土豆，Help 帮助，helping 正在帮忙。如：sping 春天，the Spring Fetival 春节。对比学习，和同一类型归类学习，也可以培养学生对英语的学习兴趣，培养学生的积极性。在口语练习中，要求发音标准，语速不急不缓，并且带有感情的练习。英语的知识点很多，在学习中，要做好笔记，分成几个大纲，把重点难点做好记录，重点复习，单词是英语句子的组成单位，学生掌握的英语单词越多，就为后面的英语句型练习打好了基础。

（2）在英语句子中，主谓宾的语法顺序和汉语中的排列是不同的，每一种语言的学习也都是有困难的，对英语语法的学习要多分析其特点，不能把汉语语法套用其中，这也是很多英语初学者容易犯的错误，只有读得多、听得多，理解了它的意思，才能够找到英语学习的窍门。在以上提到，在英语中是分为单数和复数的，汉语中，面条、一根面条，都一样，但英语中，一根面条是单数表示的单词，一碗面条就是用复数表示的单词形式来表示。在汉语中，只要分清一、二、三、四声调，就能读清楚课文，而英语中最基础的是音标的熟练。英语中还分为很多不同的时态去表示事物的发展，如现在时、过去时、将来时、过去将来时。想学好英语，就要一步一个脚印，踏踏实实地去学习，在学习的道路上，只有认真、努力、勤奋，再加上用对方法，才能得到收获，三天打鱼，两天晒网的做法是不可取的，因此，不论学习什么都要持之以恒，不能半途而废。另外，在学习新的东西时，也不能忘记复习以前学过的，要不然，这样导致丢三落四，永远也学不好。在课余时间，要多读一些英语方面学习的书籍，找到适合自己的方法，记录下来，和他人多加交流，互相交换经验，以提高学习英语的水平。要想学好英语，就要制定一个明确的学习目标，来激励和促进学生学习，达到每一天都要有一点进步的目标，学习知识是需要慢慢积累的，从来没有任何捷径。

三、以文化为基础的英语教学

（1）用汉语解释英语单词，以方便记忆。初学者对英语是陌生的，为方便学生记忆，入门时常常采用，用汉字注解单词意思，方便学习；同时也起到了便于学生理解的作用，加强了汉语与英语的互相促进学习。

（2）用汉语引导英语的学习，任何文化之间虽有不同，但还是有内在联系的，用韩语的方式能更清晰地讲解有关英语的知识点，把有趣的内容加入英语学习中，使学生对英语学习更加有兴趣。任何知识点都是可以互通的，它们之间，既有不同，又有联系，还可以相互影响。教学中可以利用这一特点，使学生在两种文化的学习中，共同促进，共同学习。

（3）在日常生活中，多听、多写、用英语对话、多读一些英语类的书籍，扩大视野，也可以在周末或假期看一些英语有关的电影，从多方面多渠道学习英语，在课后作业中布置有关英语写作的短文，常和同学用学到的英语知识讲述有趣的事情，这就是英语学习在实践中的具体表现。在学生之间对话时，也可以采用英语对话的形式，以锻炼英语口语的发音、语速、灵活性和现场反应能力。

（4）对比性的学习英语。有了对比，就有了竞争意识。在英语学习中也是一样的。就上面所讲而言，英语和汉语在语法上，单复数的表示上，时态上都有所不同，汉语可以学得很好，那么也将会促进英语的学习劲头。有了对比，就找到了学习时的不同点和要特别注意的地方，才能改进学习方法。平时，可以选一段话，用英语的形式把他表现出来，以锻炼英语的实际应用水平，提高英语写作能力。

（5）以学英语为目的的汉语语言讲座或教材。英语学习中，有它独有的特点，为了方便学习，可以把这些难点、重点，以汉语的形式，编辑成册，以方便学生的学习和知识的巩固。

四、把英语的跨文化学习带到实践中

（1）我们平时采用较多的就是，有关英语学习的本国电影也被放映给学生看，加深学生对所学有关英语的历史发展、生活习俗等的了解。再如，组织学生听一些有关英语的讲座，加强英语知识的学习。在看电影时，要注意英语单词的发音、语法的运用，有时，基础打得很好，但发音不标准，掌握不好语速，也是不行的，所以，在电影中，人物对话时，要特别认真地注意这一点。

（2）用所学知识，在教师的组织下，对有关英语国家的历史事件提出自己的看法，再与正确意见进行对比，在学生之间展开讨论，这是在实际实践中，对跨文化交际在英语中的学习。这样，可以让学生更加深入地了解西方文化，对学习英语课有更大的兴趣。

（3）组织模拟西方文化训练。在活动中，由组织者安排学生由本地文化到他国文化在人物身上所表现出来的性格、爱好、思维方式等表演，从活动中，感受不同文化形势下人物的特点，进而更好地增加对跨文化的学习和不同文化之间的比较。

（4）在行为上实施跨文化练习，提高个体素质。在了解了不同文化后，学生可以学习其跨国文化中的优点，联系自身的文化修养，分析其利弊，好的方面加以学习，从而提高自身的文化素养。这在跨文化学习中，也是一大进步。

（5）让学生亲身体验跨文化的好处。组织者，可以自行制造一个类似跨文化的环境，在这个环境中可以出现一些小障碍，让参与者去用跨文化的知识在练习中完成任务，组织者可以适当地提出建议和一定的帮助。

（6）在有条件的情况下，进行实际的跨文化交流。这一点要从联系实际出发，在条件允许时进行跨文化的实质性交流。

跨文化交际是时代发展的结果，在英语教学中实施这一文化上的学习，只是跨文化交际的其中的一种表现，它会越来越多地被应用到其他领域当中。在英语教学中提倡跨文化学习可以让学生更多了解英语国家的人文历史、生活习俗，通过分析展开讨论，提高学生对异国文化的学习和他们的文化素质。

在我们这个大"地球村"生活着形形色色的不同文化的种族，要发展，要交流，就要提高我们的文化交际能力，只有不断学习新的知识，才能一定程度上提高自身的交际能力。要想不落后，就要不断学习，所谓"技多不压身"，我们的社会需要全能型的人才，才能跟上时代发展的脚步。

第二节　跨文化交际能力与英语教学的融合

当前世界经济已经进入全球化的发展时期，与此同时中国提出了"一带一路"的发展倡议。大学生的英语语言运用能力，以及跨文化交际能力，对我国的经济发展，国际的文化传播和交流将会起到非常重要的作用。在这种社会发展背景下，教师只有通过不断提升教学和研究水平，选用中外文化对比的教材，灵活运用多种教学方法，积极建设跨文化交际资源库和培养学生的实践能力，才能够更好地培养和提高大学生跨文化交际能力，让学生为国家之间的文化传播、经济发展做出自己的贡献。

一、跨文化交际能力培养中存在的问题

（一）缺乏对跨文化交际能力的重视

目前中学教育和高等教育都忽视了对跨文化交际能力的培养。孟丽君（2019）指出，"学生对跨文化交际能力的主观意识薄弱，教师对学生跨文化交际能力培养不够重视"。在这样的教育环境下，学生的跨文化交际知识十分贫乏，交际能力不符合社会发展的需求。

（二）跨文化交际能力的培养面临挑战

首先，大学英语课程不注重跨文化交际能力的培养。听说和读写能力的提高是大学英语课程的主要目标。绝大多数高校的大学英语课程一般设置为听说和读写两种类型。这种设置侧重英语语言技能的培养，却忽略了跨文化交际知识的教学，不利于对交际能力的培养。

其次，传统的教材主要是注重对学生听、说、读、写、翻译能力的培养，缺乏跨文化交际的内容。教材通常包含篇章内容的学习、词汇语法的掌握、句子结构的解析等等，对跨文化交际的知识涉及很少。

（三）教师自身跨文化交际能力存在局限

徐雅楠指出"许多教师自身就没有跨文化意识，更别说培养学生的跨文化意识"。一方面，英语教师在专业学习过程中，获取跨文化交际的知识和能力十分有限。另一方面，大部分教师缺乏在国外生活的经历，真正进行跨文化交际的机会非常少。

（四）缺乏跨文化交际知识的资源库

目前常见的学习模式是课堂和网络学习相结合。虽然课堂上有教师进行跨文化知识的教学，但在网络上却没有丰富的学习资源去帮助人们实现进行自主学习。网上的学习资源也可能不适合本校学生的学习需求。

（五）缺乏跨文化交际的真实环境

绝大多数学生只和身边的同学、老师交流，没有留学生或者外教进行交

际，更别说体验职场交际的机会。武真真提出"学校应该尽可能为学生创造使用外语来解决职业问题的环境"。

二、培养和提高学生跨文化交际能力的途径

（一）课程设置增加跨文化交际的教学内容

根据不同的学习需求，跨文化交际的教学任务可以分解在必修课程、后续课程和选修课程当中。首先，在必修课程中让学生了解主要西方国家的政治历史、生活礼仪，掌握基本的社交礼仪和规范。其次，对于跨文化交际能力要求很高的学生，可以用1~2个学期的后续课程，向学生充分地介绍跨文化交际的知识，培养交际的能力。最后，对于对跨文化交际能力要求不高又感兴趣的学生，可以让其通过选修课了解异域国家的概况。

（二）改变传统教学方法，运用多种教学手段

首先，使用案例分析法去凸显文化之间的不同。比如如下案例：一个年轻的中国女子在美国被一个美国女子恭维她的裙子。美国女子说："它真的很精致。颜色也十分漂亮。"中国女子十分高兴但是略显得尴尬，她用典型的中国方式回答："这只是一条普通的裙子。我在中国买的。"美国女子听后显得有些不高兴。通过这个案例，教师能够清晰地向学生讲述，美国人喜欢接受别人的称赞，而中国人对于别人的表扬要体现谦虚。另外，中国女子这样回答会让美国女子觉得自己对裙子的审美存在问题，让人产生不悦情绪。案例分析法能够让学生对案例进行思考，也能够让学生懂得在特定情景下如何进行正确的跨文化交际。

其次，在教学中设定交际的情境。苏梅涓认为"教师需要为学生设定特定情境，让学生全身心投入到情境中展开英语对话训练，并根据语用和情境来做出反应，从而实现对学生跨文化交际能力与英语口语表达能力的训练目的和效果"。比如这样一个情景，让一个学生扮演美国的主人，另外一组男生和女生扮演客人。扮演主人的学生在表演过程中会运用到邀请客人、招待客人、送别客人的交际语言和能力。扮演客人的学生会使用到确定出席、感谢招待和辞别的交际语言和能力。情景教学法能够把每一个教学任务放在一个具体的环境当中，让学生在贴近真实情境的语言环境中进行交际，从而获得较好的学习效果。

最后，将跨文化知识渗透在教学过程中。王延雪指出"在传统的英语框架结构学习中体现跨文化交际意识培养"。在课堂教学中，教师要把跨文化交际知识融入听说和读写的教学中。口语和听力的训练内容可以涉及国外的文化。比如谈到节日的时候，就可以让学生自己去分析中国的春节和美国的感恩节有什么共同之处和不同之处。在读写课程中，文章背景知识的介绍，也可以选取相关的跨文化交际知识。

（三）教师教学和研究能力的提升

首先，教师对跨文化交际课程进行充分的学习。一方面，教师可以在其他高校进行相关课程的进修，比如《跨文化交际实用教程》《英语国家概况》《走进美国文化》等等。如果本校有开设英语专业，也可以参与课程的旁听，完成这些课程的学习。

其次，教师成立跨文化交际研究团队。跨文化交际包含多个方面的内容，教师可以通过集体的努力，着重对职场交际、日常生活交际展开研究。教师在跨文化交际的研究过程中，通过彼此之间的学习和交流，能够提升自身的研究能力和水平，为课堂教学和学生跨文化交际能力的培养提供有力的支持。

（四）跨文化交际资源的建设

首先，选用适合培养学生跨文化交际能力的教材。刘余梅指出"将中西方文化进行对比、开展相互学习，构建双向性的跨文化交流课程"。教材内容应该包括中国和主流英语国家的地理历史、政治经济、社会文化的介绍。一方面，教师要让学生充分了解和懂得中国的历史和文化，培养并增强学生的归属感。另一方面，教师还应该向学生指出不同国家在某个文化上的不同，并让学生去思考和了解原因，从而避免在交际过程中产生误解现象。

其次，组建微视频团队，共同制作跨文化交际的微视频，并上传到学校网站或者学习平台当中。视频内容可以是课本教学内容的扩展和补充，也可以是独立的学习资源。比如，中西方招待客人吃饭的方式就可以做成一个微视频，学生通过视频学习可以发现中国主人往往会为客人准备大量丰盛的美食来体现自己的热情好客。而美国主人则会按照客人的数量准备好食物，不会准备多余的食物，而且食物品种也不会很多。短视频具有时间短，信息量大，能够满足学生碎片化的学习需求等特点。

最后，利用移动端推送学习资源。教师组建微信团队，搜集与跨文化交际相关的内容，通过公众号向学生推送学习资源。手机端的学习不受地域和时间的限制，同时通过文本、图片、视频、音频等多种内容形式能够激发学生的学习兴趣，也给学生提供了学习的便利。

（五）学生实践和研究能力的培养

首先，为学生模拟真实的跨文化交际场景。让学生在贴近真实的交际场景中进行实践，能够让学生亲身体验交际方式的差异性。比如在面试的场景中，受中国文化的影响，中国人不会出夸耀自己的能力，甚至还会表现出谦虚的状态。而美国人在参加面试时会强调自己的能力和才华，因为这样才会被招聘公司录用。如果他表现谦虚反而会让公司觉得这个人没有实力胜任岗位。

其次，培养学生对跨文化交际的研究能力。跨文化交际当中有很多有趣的内容，比如颜色在不同文化中就代表不同的含义。比如红色，在中国文化中代表节日的喜庆，具有红红火火的寓意；在西方文化当中，红色代表着血腥，会让人产生害怕和恐惧的情绪。教师通过布置写小论文的任务，让学生研究在跨文化交际中感兴趣的内容。学生通过查找、阅读文献可以获取许多相关知识。通过整理、归纳和总结，学生不仅能够完成一篇小论文，还加强了对跨文化交际的认知，增强了自身研究的能力。

跨文化交际能力需要师生的共同努力才能提高。一方面，教师要积极探索新的教学方法，发掘新的教学资源，将跨文化交际的知识融入学生的专业知识当中。另一方面，学生要懂得跨文化交际的重要性，能够在将来的岗位中运用跨文化交际能力开展工作。在跨文化交际能力的培养过程中，学生的语言能力、文化知识和交际能力得到了一定的融合。跨文化交际的教学让大学英语从一门语言课程变成语言、交际能力和异域文化相结合的综合课程，让英语学习也有了更多的收获。

第三节　跨文化交际教学中英语本土化的重构
与跨文化意识的培养

一、跨文化交际教学中英语本土化的重构

在跨文化视角下，出现严重的英语本土化身份冲突的现象是很普遍的，

该现象的发生非常不利于跨文化英语教学的顺利进行。本节主要分析文化冲突现象的具体体现及英语本土化身份的必要性，并提出跨文化视角下重构英语本土化身份的具体策略，从而使高校英语教学达到令人满意的效果。

随着我国对外开放程度的逐渐深入，西方社会越来越多的人和事物已逐渐走进了我们的视野，从而给我们提供了接触西方的机会。我们可以更多地理解西方社会，这对我们来说是件好事，但要做到也并不简单。在跨文化交际中，我们面临着很多来自陌生文化和国度的思维方式、生活方式等，正是因为这些与我们迥然不同的人的存在，才促使交往的过程中出现本土化身份颠覆的现象。针对这一现象，就需要交际者对跨文化交际有清醒的认识，既要对本民族的语言交际规范准确掌握，同时也要对交际另一方所属民族语言交际的文化习惯及其产生的社会文化背景有全面的了解，这样才能顺利进行交流，才不会出现文化冲突。因此，高校英语教师在英语教学中要实现本土化身份的重构，目标是将学生培养成具有跨文化意识的高素质人才，可以以中国国民的身份恰当、流畅地使用英语，并进行国际的交流与合作。

（一）文化冲突现象的具体体现

时间观方面。时间观对西方人来说是与金钱观相联系的，他们非常珍惜时间，认为时间就是金钱，对时间都会做出精心的安排。在西方，如果要去拜访某人，必须要事先约定，双方在商定后才会进行。而中国人在时间观念上显得更加随意，我们不会像西方人那样对时间进行严格的计划，所以西方人对中国人这种时间观念是很难适应的。

隐私方面。中国人讲究集体、团队，提倡互相帮助、团结友爱，愿意倾听他人的事，也愿意与他人分享自己的喜怒哀乐。中国人会询问对方的年龄、工资收入、婚姻状况等个人问题体现出对对方的关心。但是西方人认为被问到个人情况是触犯了个人的隐私，他们不喜欢自己的私事被问。

教育方面。中国人普遍对子女寄以很大的希望，认为子女是自己的私人财产，所以对孩子的每件事情都要进行干预，要求孩子按照自己的意愿来发展。长期在这种环境下成长，使得子女被教育得没有了独立精神和自由意识，只是依靠父母所给予的物质条件，经不起其他挫折打击。而与我国相反，西方人对中国人的教育方式完全不了解，他们认为孩子是独立的个体，从小就要培养他们有自己的思想。同时，西方人也不干涉子女的未来发展。一般来说，欧美青年18岁后就要靠自己独立生活，不再需要父母的资助。

（二）英语本土化身份的必要性

英语的中国化可以满足中国的国际交流及对外交往。英语作为一种交流工具，也是多元文化的载体，被不同国家、不同文化背景的人们所使用。目前，英语已经不再只是英国人和美国人的专属语言，而是以各种不同形式被全世界所使用。换而言之，中国人学英语不仅是为了和英国人、美国人交流，也要和其他国家的人交流。基于这一情况，无论是使用美国英语还是使用英国英语都是不妥的，不但言谈举止受到怀疑，还会冒犯到别人。从当前情况看，美国英语和英国英语都已经不是霸权语言了，我们也可以自由地选择合适自己的表达方式。事实上，英语就是一种工具，一种用来向国际友人表达自己的观点，向国际推广自己国家文化的工具，对方往往所关注的并不是这样一种工具，而是我们的观点和所介绍的文化才是重点。作为国际通用语，英语使得理解性要求得到满足，同时也正是因为不同的使用方式，才使双方的各自身份得以保持。人们在国际交往过程中，利用英语来表达观点很重要，但是更重要的是你的国民身份，本土化的英语就是一个国家的标志。

中国化英语为我们所用，维护了民族的尊严。国际交往时借助英语不仅能保持我国的价值观及文化特征，更重要的是能够维护我们民族的独立和尊严。语言学家认为，语言并不单纯是一个工具，它是供人们交流使用的。同时，语言学家认为语言也是一个载体，它所承载的是一个国家特有的文化特征、政治内涵和价值观。如果一个人对某种语言盲崇，那么在他的潜意识里就会潜移默化地受到这种语言所代表的价值观的影响，并最终认同这种价值观。但是我们不希望自己的学生在追求所谓的纯正英语的过程中而改变了他们自身的价值观。

（三）跨文化视角下重构英语本土化身份的策略

增加中国化英语的表达，培养本土化英语表达意识。高校英语教学中，教师向学生传达知识或进行交流时不应该过多地用美式或者英式英语，教师要尽可能地让学生感受到更多的本土化英语，尤其是中国化英语，这样有助于学生进行有效的国际交流。教师在课堂上可以多组织学生做听力练习，通过人物之间的对话让学生熟悉多种口音和多种不同的语言表达习惯等，感受他们的语言环境，了解他们的语音差别及习惯。除此之外，教师还要多鼓励学生进行口语表达，不用严格地要求学生去使用英式英语或美式英语，也无须让学生刻意地去模仿英式或美式地道的表达。由于英语的全球化发展，就必然会形成本土化，学生所使用的英语就会带有本族语特点。教师要让学生尝试使用更多的英语变体，更好地表达具有中国特色的事物，从而增加文化积累量，达到灵活使用中国化英语的目的，也培养了学生本土化英语表达意识。

教学方法。从英语教学方法来看，应该结合我国的特色文化，对中国大学生的特点进行深入剖析，同时要多设计几种方法来满足学生的实际需求。例如：对比教学法就是英语教师一个好的选择，在英语教学过程中将中国文化融入其中，并合理地配置教学内容，从中对比出中西方文化的差异。这样的教学方法还能培养出学生的跨文化意识，学生既深刻了解了本国文化，也对他国文化有了了解。教师在授课时可以要求学生在不违反英语语法规则的前提下，用英语表达具有中国特色的事物。

教学目的。英语教学的目的不仅是要理解对方的话语和文化，最关键的是要用对方所能听懂的语言来了解己方所要表达的意思和文化。成功的跨文化交际是跨文化经历中良好的感受和信仰，以及人们所拥有的行为技巧为基础。跨文化交际不能只局限于对交流对象的理解，还有最为关键的是要实现与交际对象的文化共享，并实施文化影响。能用英语流畅交流的人也不一定就是成功的交际者，至少要实现跨文化交流才算是成功。例如，一些长居海外的华裔都精通英汉两种语言，但是当他们回到国内就会表现得格格不入，其原因就在于他们对汉文化缺少一个了解，只是会语言技巧而已。从这一点看，高校英语教学就要摒弃"一路向西"的旧观念，多从本土角度出发，让学生学习到本土化的英语。

教材内容。教材是学生获取知识的主要渠道，从英语教材来看，内容上必须要坚持遵循规范性和适度性原则。传统的英语教材开卷即为英美风情，闭卷还是美英趣闻，从里到外、从头至末都充斥着洋风洋情，并以国内外熟练使用汉英双语者叙述的中国社会文化英语文本作为基础，以中国官方媒体英语为规范。长期使用这种教材培养出的学生，虽然学成了洋人，却丢掉了本身特质。所以，我们在选用教材时必须要用那些充斥着大量文化信息的，绝不仅仅是目的语文化信息，尤为重要的是还要有学习者自身的文化信息的内容。我们通常将中西方文化看作一个整体，中国文化内容只能在教材中占有一定的比例，而英语文化是其中不可或缺的一部分内容。这样做可以解决学生群体中"中国文化失语症"的问题，也有利于让学生能更多地学习英语国家的风土人情，帮助学生在国际环境下运用英语，实现英语本土化身份的重构。总而言之，教材内容应符合以下要求：一是作为母语文化材料，应是以学习者自身文化为内容的材料；二是作为目的语言文化材料，应以英语国家的文化作为学习内容；三是作为国际性目的语的文化材料，应以世界上英语非母语国家的文化作为教材主要内容。英语教材不仅要反映英美文化，所有世界先进文化都应该成为其可能的选择，其中也包括我们中华文化，从琴棋书画、诗词歌赋到经典国粹、名人典故等都可以成为英语教学资料。

随着英语在我国的普及，中国的语言文化也逐渐渗透到英语之中，进而使英语中的表达方式也颇具中国特色，进一步丰富了英语的内涵。目前，我国所需要的是一种能够共同交流的语言，由于英语全球化和本土化已经成为一个事实，所以英语必然会受到国内外越来越多的关注。而在高校英语教学中，教师必须充分考虑英语在多元文化、多元语言环境下的使用及发展，实现国际英语的本土化教学，创生出国际化性质鲜明的新型英语教育范式。这就需要我们加快对英语教学的改革，努力培养学生英语语言应用能力和跨文化交际能力，进行这种英语语言的教学过程就是英语教学的本土化身份重构，从而提高英语教学的质量。

二、跨文化意识的培养

我国当前英语教学存在的弊端之一，就是没有让文化意识的教育"显性"出来，最多不过是比较一下汉英在语言结构上的差异，教师在教学中缺乏对学生文化意识的培养，这不利于学生跨文化交际能力的培养，本节从培养学生跨文化意识的必要性、途径和方法，以及应注意的问题三个方面，阐述培养学生跨文化意识，提高学生的英语交际能力的实践措施。

（一）培养学生跨文化意识的必要性

"文化"是"人类历史发展过程中所创造的物质财富和精神财富的总和"。在英语教学中，文化主要指英语国家的历史地理、风土人情、传统习惯、生活方式、价值观念等。教育部制定的英语课程标准明确指出英语教学应拓展学生的文化视野，发展他们跨文化交际的意识和能力。那么，提出这一要求的原因何在？

1.21 世纪社会发展的需要

从某种意义上来说，21 世纪的地球越来越小，小得犹如一个村落。我们既是中国国民，也是地球村村民。随着各种跨文化交流的日益频繁，除了迅速提高外语水平之外，增强世界意识和全球观念、了解整个世界、了解世界各国文化，已成为各个行业、各个领域、各种群体所面临的紧迫任务，也是社会的发展对我国的外语教学提出的新要求、新目标。

2. 改革我国英语教学的需要

我国英语教学受传统教学理论的影响比较大，在知识教学与能力培养上容易走向知识传授的极端，在英语教学中把语法的传授摆在首位，但忽视了能力的培养，导致了综合运用英语能力的低下。这与我们一直把英语教学作为一门知识传授的课程而忽视了跨文化意识的培养、促进英语知识向交际能力的转化有相当大的关系。因此英语新课程改革的教学目标中，初中阶段提出"了解文化差异"，高中阶段提出"增进对外国文化，特别是英语国家文化的了解"，来弥补对异国文化，特别是英语国家文化缺乏了解而导致的英语综合运用能力低下。

3. 语言本质的必然要求

语言是文化的载体，文化的传播和传授必须借助语言。因此，英语教学中应渗透文化思想。在学习和交际过程中，通过文化丰富语言，通过语言反映文化特色，将二者贯穿始终，才能做到教好英语，学好英语。培养学生跨文化交际的意识和能力，正是语言本质的必然要求。这不仅能让学生避免由于文化差异而引起的交际障碍，也能使学生利用英语这一工具，能吸收外来文化的精华，将来也成为我国外来文化交流的使者。

4. 人的生存及发展的必然需要

英语已成为各种国际场合的主要工作语言，据统计，国际上85%的学术论文是用英语发表或宣读的，各学科的主要学术期刊也以英语为主，它也是国际互联网的主要应用语言。在教学中培养学生跨文化意识，促进其英语交际能力的提高，就是在为每个学生创设未来生存发展的平台和机会。

（二）培养学生跨文化意识的途径和方法

1. 利用课堂介绍文化背景知识

现代英语教学在课堂上有两大特点：一是突出交际能力；二是重视阅读理解能力。因此，我们必须找到教材的切入点，有利于学生结合文化背景知识和文化内涵来展开活动。

2. 课堂交际，使交际运用与文化学习相结合

要培养学生的跨文化交际意识，培养跨文化交际能力，好的方法当然应

该让他们沉浸于英国语言文化的氛围中。这样不仅可以使学生对西方文化有理性上的认识，还可以让他们在同本国文化进行感性比较的同时，学习并理解西方文化。因而在课堂上教师应为学生创设模拟现实生活的交际环境。

3.大力加强对学生语言能力的训练，把跨文化意识的培养与语言能力的训练密切结合起来。从语言训练来说，教师可以从四项基本技能入手，把文化意识的培养与语言技能的训练相结合。

（1）阅读练习

让学生阅读一些简装本的外国名著，比如：*Jane Eyre*，*Gone with the Wine*，*Three Men in a Boat* 等，给学生直观的感受。通过阅读这些名著，可以让学生产生学习英语的兴趣，又可以让学生在潜移默化中了解英语国家的风俗习惯、待人接物的习俗等，从而培养学生的文化意识。另外，也可以让学生多做一些阅读理解方面的训练，这样既可以提高学生阅读速度和词汇量，又培养了文化意识，可谓一举两得。

（2）听力练习

现在网络技术非常发达，网上有许多可供教师利用的资料，而且很多资料具有很强的时代气息，教师可以从网上下载一些听力材料（比如美国总统竞选演讲，美国人怎样纪念9·11中丧生的亲人等），或者买一些英语原声录音带给学生听，这既练习了听力，又可以了解异国的风情。

（3）写作练习

教师在指导学生写作练习时，应有意识地加强中西文化差异的比较，通过这一训练将中西文化在称呼、招呼语、感谢、谦虚、赞扬、表示关心、谈话题材和价值观念等方面的差异自然而然地渗透到英语教学中，使学生在学习的同时将其应用到自己的文章中，从而做到学以致用。

（4）口语训练

教师可以通过组织英语角、英语晚会、排练英语小短剧等，创设形式多样的比较真实的语言环境，使学生产生一种身临其境的感觉，从而加强对文化知识的实际运用。

（三）培养学生跨文化意识应注意的问题

1.注意实用性

在英语教学中，应结合《英语课程标准》的要求，不能只讲花架子，做绣花枕头，而应教会学生如何对别人的事用英语表示关心，如何拜访别人，如何应答别人的夸奖等，解决一些实际存在的问题。

2. 注意阶段性

在起始阶段，学生的词汇不多，表达水平不高，在教学中应侧重教会他们一些既简单又常见的跨文化交际知识。如在教学生如何进行访问时，应教会学生在英美文化中的交谈注意事项，如想拜访某人，一般要通过某种方式，如打电话、当面约定等事先给所要拜访的人打个招呼，双方约好会面的时间和地点。而在中国，通常情况下，熟人和朋友之间走动互访一般不事先打招呼。随着教学的不断深入，学生的水平也在不断地提高，到了中高级阶段，在教学中就应该侧重教给学生一些更深层的跨文化交际知识，如价值观念、宗教信仰等。

3. 注重增加背景知识

教师根据课文内容增加相关的背景知识，不但可以提高学生的兴趣，激发他们的求知欲，还能加深他们对课文的理解。比如课文涉及手势的内容，我们可以就此介绍一些体态语言的知识，像中国人跺脚表示生气，而美国人则认为这是不耐烦；中国人指着自己的鼻子表示我，而美国人却是指着自己的胸膛表示我。美国的男人在交谈时总保持 45~80 厘米的距离，男人之间除了短暂地握手之外，彼此很少接触，他们从不拉手，也不互相搂着坐。而中国人却从不讲究这个，男人和男人、女人和女人，只要是朋友或者关系亲密的人都会手拉着手，这在外国人看来是不可思议的，甚至有可能会认为他们是同性恋。

4. 改变思维方式

思维方式对跨文化交际有很大影响。由于中西方有着不同的思维方式，所以在交际过程中，就常常出现一些问题，影响交际效果，造成一些误解。

总之，教师在英语教学中，不能只单纯注意语言教学，而必须加强语言的文化导入，重视语言文化差异及对语言的影响。只有这样，才能引导学生在实际中正确运用语言。教学中培养学生的跨文化意识是英语教学的一项艰巨任务，也是时代的需要。因此，教师要不断提高自身的业务水平，扩大知识面，当好引导者，把握新的机遇，迎接新的挑战，为培养适应 21 世纪社会的人才而不懈努力。

第三章　大学英语文化教学中的跨文化交际

第一节　文化教学

一、文化教学的内涵

在外语教学中重视文化教学是指外语教学过程中应贯穿该种语言所使用的国家的国情、蕴含的文化知识和该种语言中所蕴含的文化历史背景等。这里所说的文化教学，并不仅仅指不同语言交际过程中用到和涉及的文化知识、与外语教学有关的文化知识，还包括教师引导学生探究母语和该语言之间的异同处以及母语和该语言蕴含的文化异同处，以此来提高学生对不同语言文化差异之间的敏感性，并将其用于实际的跨文化交际中，从而实现交际能力的提高。我国的英语课程标准明确提出：要在英语教学过程中，有意识地拓展学生的文化视野和语言视野，不断发展学生跨文化交际的意识和能力。由此可知，学生的文化意识的培养已经受到高度的重视，能够被国家教育部门专门提及。培养和增强学生的文化意识不仅是英语教学的重要内容，还是英语教学的重要目标之一。国家教育部门在有关英语教育的标准中详细描述了培养和增强学生文化意识的具体内容。详细来讲，文化意识指的是外语学习者对所学语言蕴含的文化的知晓，是对属于该文化的人的普遍信念、社会价值观和社会规约等的感知和理解。以人们对目的语文化的知晓程度为划分标准，文化意识主要包括四个内容，划分为四个层次。第一个层次是指外语学习者在学习外语的过程中，会感受到其中蕴含的文化，但是对这种文化的感受并不能给予正确的理解。第二个层次是指学习者经过对这种语言的深入学习，会感受到这种文化与自己所处的文化之间的差异和冲突，他们可以找出这些不同所表现出的两种文化的特征，但仍然不能真正理解这样的文化差异和冲突。第三个层次中，学习者可以通过较为理性的分析，深入了解两种文化的差异和冲突以及这两种文化各自的特征，可以运用自己所学的理论知识，从认知学的角度逐步理解文化差异和冲突。第四个层次中，语言学习者通过深入的学习和分析，已经可以体验所学语言中的文化，并且逐步学会与这种文化相处，站在这种文化的视角去思考问题。

按照上述的文化意识层次划分，可以看出文化教学主要包括以下两个内容。一是文化知识层面。文化知识包括人们的衣食住行、思维方式、价值观等在内的目的语文化的知识，是语言学习者所学习的语言中蕴含的文化知识。文化知识的内容非常广泛，内部体系也非常复杂，具体来说，文化包括历史、地理、艺术等内容。但是，英语教学中，学生需要学习和掌握的文化知识没有这么复杂，学生只要知道和了解目的语文化中的某个文化现象就可以。二是文化理解层面。20世纪90年代，外语教学界在提出文化知识传授的基础上，对外语教学提出了进一步的要求，即文化理解。所谓文化理解，指的是学生理解中外文化的过程和能力，指学生理解中外文化差异的过程和能力。一般来说，主要包括以下两点：

（1）对文化内容和含义的理解。学生在学习过程中，需要理解文化知识和文化现象，也要理解文化知识和文化现象的背景以及各种含义。另外，对其中蕴含的世界观、价值观等也需要去学习。

（2）对文化知识和文化内容的态度。学生要秉持客观的态度，将目的语文化看成一种客观存在。事实上，文化本身并不分好坏，只是文化的内容会有好坏之分，即人们平时所说的精华和糟粕。我们没有必要对文化评头论足，但是可以并且有必要有选择地传授文化知识。首先，在对待异国文化和其他民族文化的态度上，需要秉持客观和宽容的态度，不能存在狭隘的民族主义，不能拒绝和歧视异国文化。在理解异国文化的过程中，不能用自己对文化的标准看待异国文化，也不能用自己的道德意识和价值观评价异国文化。其次，学习目的语文化时，不能抛弃自己的文化传统而刻意去逢迎异国文化，要用科学的态度和方法深入比较两种文化的异同，使自己在这两种文化的交际中游刃有余。

从上面的详细分析中可以看出，教师在外语教学的过程中要注意文化的疏导，做好相关的文化教学工作。一方面，教师要注意帮助学生正确地理解外国文化现象、文化知识，既把外国文化视为与本国文化相平等的主体，又要承认两者之间存在的差异，同时要认识到对文化的理解没有绝对的答案，学生可以有不同的理解。另一方面，教师要让学生认识到，本国的文化知识是理解外国文化的基础。如果学生对本国文化缺乏认识，就很难在英语文化教学中做到文化理解。有的人认为，只有正确理解外国文化，才能理解外语并恰当地得体地使用外语，因而学习外语与本国文化没有关系。实际上，在文化教学中，能否正确理解外语，并恰当、得体地使用外语，在很大程度上取决于对本国文化与外国文化差异的了解程度。因为了解本国文化不但能够帮助我们更加深刻地理解外国文化，提高对外国文化的鉴赏能力，而且可以使我们更准确、深刻地认识两者的异同，最终达到提高对外国文化的敏感度的目的。

综上所述，文化理解发生在文化学习中，学生不仅要知道目的语文化的内容，还要对其进行深入理解，将对文化的理解纳入自己的言行举止，建立和增强自己的文化意识。所以，掌握文化知识仅仅是学习文化的开始。文化教学应该以提高学习者的交际能力为目标，从掌握文化知识开始，培养文化意识，最终做到文化理解。

二、文化教学的导入原则

外语教学实施文化导入需要遵循一定的原则，具体如下。

（一）交际性原则

学习英语的主要目的是进行跨文化交际。与把英语作为母语的外籍人士交际或者与那些把英语作为第二语言或外语的人士交际，至少要涉及两种文化。当来自不同国家文化背景的双方使用英语交际时，他们有意无意地会把各自的母语文化带到交际中来，有时母语文化与目标语文化会出现一定的冲突，为了避免冲突，尽量保持交流的畅通，人们在学习英语时，就要掌握一定的英语国家的文化知识，并根据交际的实际需要，恰当、灵活地运用这些知识。因此，教师在外语教学中导入文化内容时，要注意培养学生运用文化知识为交际服务的意识和能力，学以致用，学用结合。

（二）阶段性原则

阶段性原则主要指目标语文化内容的导入应该考虑学生的年龄特点和认知能力，根据学生的语言水平和接受能力，由浅入深，由简到繁，由现象到本质，循序渐进，对文化内容进行逐步的扩展和深化。英语教学在起始阶段应使学生对英语国家文化及中外文化的异同有粗略的了解，教学中涉及的英语国家文化知识，应与学生身边的日常生活密切相关，并能激发学生学习英语的兴趣。在英语学习的较高阶段，要通过扩大学生接触异国文化的范围，帮助学生拓宽视野，使他们提高对中外文化异同的敏感性和鉴别能力，进而提高跨文化交际能力。

（三）整合性原则

在为外语教学选择文化内容时，教师可以考虑根据学生不同的学习阶段，结合学生其他学科中的学习内容中的通盘考虑和整合，打破外语学科与其他学科的界限，保持外语教学的开放性和灵活性，有意识、有目的、有计划地在文化内容方面进行整合。现代教育技术的发展，使我们的教学手段变得丰富多彩，教师还可以将文化教学内容与现代教育技术整合。教师可以从视觉、听觉和触觉三个方面为学生提供学习文化内容的渠道，满足学生的不同学习风格。如实物、电影、录像、录音、电视、互联网、访谈、报纸杂志、文学作品、插图、照片、歌曲等，都可以被教师开发成教学资源。

（四）系统性原则

了解文化是为了方便我们更好地掌握和使用语言。文化是综合体，教学中要将文化要素、文化共性、文化差异做综合性的导入，使学生在学习语言的同时，能对目的语文化的要素都有一个整体上的理性把握。教师不仅要将树木展示给学生，还要使学生能看到森林。学生只有从整体上了解目的语的文化要素，才能更好地在认知、情感和行为三个层面提高跨文化交际能力。教师在对外语语言方面的教学进行一学年或一学期的总体规划时，也应对目标语文化的教学进行总体设计，分年级、有重点、有针对性地实施，努力使文化教学具有一定的系统性和连贯性。

（五）实用性原则

语言内容应该与日常交际密切联系，与能力的提高密切相关。实用性原则要求所导入的文化内容与学生所学的语言内容、日常交际的主要涉及面密切相关，同时要考虑到学生将来所从事的职业性质。这样文化教学才能与语言交际实践紧密结合，可以激发学生的兴趣，而不会觉得语言与文化的关系过于抽象、空洞。

（六）适合性原则

教学内容和教学方法要合适。属于主流文化的东西应该详细讲解，共同文化应为重点，适时引入一些历史性的内容，以便学生能够理解某些文化传统和习俗的来龙去脉。教学方法的合适，就是要处理好教师讲课和学生自学的关系。教师应该成为学生课外文化内容学习的组织者和指导者，鼓励学生进行大量的课外阅读和实践，增加文化知识积累。

三、文化教学的内容

实际上，文化教学应该贯穿语言教学的每个阶段。语言教学既然最终以语用为目的，就必然会涉及语言文化的教学。文化因素与语言形式的难易并不一定成正比，简单的语言形式也可能导致语用与文化方面的问题。教师在教学中要自始至终注意结合语用和文化因素的问题，把语言形式置于社会语用功能的背景下教学，就能使语言知识富有生命力，学生逐步提高跨文化交际能力。在教学中，我们应以系统性为原则让学生学到较为全面的文化知识，为培养学生的跨文化交际能力奠定扎实的基础。具体到课堂教学，文化教学可以概括为以下四点内容。

（一）注重介绍词语的文化内涵

语言词汇是最主要的承载文化信息、反映人类社会文化生活的工具。词汇是语言的建筑材料，是理解文化的基础，也是学生在听力、阅读等方面的主要障碍。文化意义是指某一文化群体对客体本身所做的主观评价，同一客体在生活不同文化的人中产生的联想意义不同。词语在文化上的差异是学好外语的一大障碍，因此，在词汇教学中要注意词语的文化意义在于目标语和母语之间的对比。

（二）文化背景知识

背景知识是英语文化的重要组成部分。研究表明，在阅读过程中，理解文章的关键在于能够正确地使用已有背景知识去填补文中一些非连续实施空白，使文中其他信息连成统一体。英语语言国家的民族文化、社会行为模式、历史、地理等方面的知识是学生产生合理推测和联想的基础，有助于其更好地理解文章的含义。

（三）介绍英语的交际习惯和行为方式

文化制约着人们的主要行为，其中包括语言行为。不同文化背景有不同的语言习惯和行为方式，在教学中要注意培养学生对目标语与母语在交际习惯和行为方式差异方面的敏感性，提高学生跨文化交际能力。例如，在日常交往中，英语国家的人喜欢谈论天气、地理位置等话题，而把年龄、工资、婚姻状况等作为禁忌的话题。中国人喜欢用"你吃了吗？去哪儿呀？"来和别人打招呼寒暄，而英语中"Have you had your lunch?"（你吃了吗？）则表示向对方发出邀请的意思。再如，中国在接受礼物时，习惯推辞几次才接受，当着客人的面打开礼物被认为不礼貌，而英语国家的人则习惯当场拆开礼物，并且会赞美几句。教学中要让学生了解差异并以本族人的观点去理解目的语文化，使他们具备进行得体而有效的跨文化交际能力。

（四）比较价值观念和思维方式

在跨文化交流中，由于交际者双方都有各自的价值观念和思维方式，因此经常会出现矛盾和冲突，导致跨文化交际难以顺利进行。价值观是任何社会和文化中人们生活的准则，思维方式和道德标准是文化的核心内容。东西方截然不同的价值观赋予了两种语言不同的文化内涵。中国文化强调集体主义、权力距离、人际关系和谐、人与自然的和谐等；英语文化则重视个人主义、人人平等、坦率直言等。东西方主要文化模式的差异反映了人们不同的价值观。在教学中，要使学生了解中英两种语言在价值观念和思维方式上的异同，使学生能在交际中做出正确的预测，完成有效的跨文化交际。

四、文化教学策略

文化教学的有效实施离不开行之有效的文化教学策略的支持。文化教学策略一般包括以下几点。

（一）文化讲座

文化讲座，指以班级为单位，以教师为中心，以演讲的方式，向学生直接传授有关目的语和目的语使用社团的文化知识策略。它适用于以下几种情况。

（1）教师向学生介绍文化新领域的可叙述或描述的知识，学生可以通过讲座掌握总体概况或基本概念。

（2）教师讲解一系列可通过主题分类归纳的相关文化事实，可以通过系列文化讲座的形式来完成。

（3）在教师即将给学生布置有关文化学习的研究任务，或者需要解决某个问题之前，学生需要掌握的基础知识，可通过讲座来向他们传授。

（4）某些具体的文化资料，学生自学和阅读十分困难时，文化讲座可以解决学生因理解困难而造成的误解。

（5）教师具备或拥有特别的教材，这些本身已为文化讲座的内容和教学铺平道路，教师在教学中实现教学相长，学生也从该教师的特殊教材中获益。

文化讲座使教师对课题顺序、时间掌握等有极大的控制权，所以能确定教学完成时学生可获得的成果。文化讲座对班额的大小没有严格限制，以专题顺序组织的文化讲座有利于充分利用教师资源。从教师的角度来看，教师的文化讲座一般都会汇集最新的研究成果和研究方法，以及其本人的学习心得与体会，所以能提供给学生许多宝贵的信息资源。从学生的角度来看，学生在听文化讲座时，其听、写和观察能力会得到训练与提高。

（二）文化参观

文化参观是以教师为辅导，以学生为主体，在课堂时间或课外时间以某个文化专题为学习任务，以统一参加观摩活动的方式来实现预期的学习效果。它适用于以下两种情况。

（1）某个文化教学单元结束以后，学生共同具备了有关专题的文化知识，就可以参观适合该专题的文化展览。

（2）当教师想要测试学生独立工作、综合分析文化知识的能力时，可安排学生参加文化展览并完成某个学习任务。文化参观能够调动学生的主观能动性，使他们主动地观察、接触、研究、总结文化知识。文化参观一般都在比较宽松和非正式的环境中进行，娱乐性和趣味性较强。文化参观比较适合作为一种辅助性的教学策略，而不能作为常规的教学策略。由于学习任务的不明确，学生自主选择时间进行的文化参观会变成走过场，学习效果不明显。

（三）文化讨论

文化讨论是以班级为单位，教师为组织者，调动学生就某个专题开展有序的、面对面的讨论，以解决实际问题或解答特定课题为目标。文化讨论需要一定的条件才能顺利开展。参加讨论的人必须积极主动，乐意与人交谈，而且乐于倾听别人的发言；参加讨论的人，作为一个集体，应当提出至少两种意见，这样才能激发思考，各抒己见；所有参加的人都希望通过集体智慧来加深自己对主题的理解。组织文化讨论的目的是使学生通过交流加深对某种主题的了解，而不是劝说别人或与人争辩。在讨论中，教师是讨论的组织者和主持人，不应占用太多发言时间，学生应是主体，教师只在提示和纠正偏题现象时发言。文化讨论适用于以下几种情况。

（1）当教师希望学生建立获取新知识的信心，并对自己的学习建立责任感的时候。

（2）当教师希望学生能充分发表主见，对有关文化事实的不同假设和推断提出质疑和加以讨论的时候。

（3）当教师有目的地训练学生交际能力，文化讨论提供给学生表达复杂概念的机会时。

（4）当教师希望学生了解对同样的文化事实可以用不同的方法分析，或从不同的角度和立场看待会有不同的结论时。

（5）当有必要建立学生的集体信念和合作精神时。

文化讨论有利于培养学生的交际能力，讨论的形式为学生提供锻炼语言表达能力的机会，以及倾听别人意见、尊重别人经验和学习成果的机会。文化讨论中，教师提供的论题一般都是有争议、没有定论的，所以学生必须从不同的角度考虑问题，才能产生不同的意见、方法和结论。文化讨论有利于建立起平等的师生关系，学生间的互动性也较强。文化讨论要求学生和教师必须做好充分准备，否则课堂上就会总是出现冷场现象。

（四）文化欣赏

文化欣赏是以班级为单位的教学活动，教师以主持人的身份组织学生根据预定的计划就某一文化专题或文化事件，代表个人或小组向全班做汇报式演讲。文化欣赏可以采取不同的形式：可以是纳入教学大纲、按序列专题进行的演讲，如将学生分成若干组，指定主题让其准备，然后在课堂开始或结束时由小组代表发言 10 分钟；也可以是随意或即兴的文化欣赏，如学生凭兴趣选择题目，进行课堂演讲；或者是总结性的文化欣赏，即在文化专题学习之后，组织汇报演讲，以陈述为主。文化欣赏提高了学生的主动性和教学的灵活性，学生可以自主选择专题，在课堂上安排的时间也较灵活。学生轮流表演可以公平分配学生的表现机会和在课堂上所占的时间。学生的表演对学生间彼此交流和互相学习也很有益处，教师也会从学生的表演中获得新的经验。文化欣赏对教师和学生提出很高的要求。教师不能事先预知学生表演的内容，这就要求他们具备灵活应对课堂上出现问题的能力。另外，文化欣赏需要学生的积极配合，学生必须具有很高的积极性和很强的自主学习能力，才能顺利完成学习任务。

第二节 大学英语跨文化教学的核心目标与内容

一、大学英语跨文化教学的核心目标

确定目标和标准是教学计划与教学实践的第一步。跨文化外语教学近20年来在美国和欧洲等国家发展很快，虽然跨文化外语教学这一术语的使用目前并不统一，但无论是 Byram & amp；Morgan（1994）所指的以文化为基础的交际能力的教学，以及更为普遍的基于文化的外语教学等术语，所体现的外语教学思路有很多共同的特点。跨文化外语教学在吸收这些理论思想的基础上，将跨文化外语教学思想又向前推进了一步，形成具有中国特色的跨文化外语教学框架。确定教学目标、界定教学内容，是这一框架的两个重要环节。跨文化外语教学的总体目标是：提高学习者的外语交际能力（语言文字目标，初级目标）；培养学习者的跨文化交际能力（社会人文目标，高级目标）。

跨文化外语教学是交际法外语教学的延伸和发展。如果说提高外语交际能力是交际法外语教学的最终目的，那么它只是跨文化外语教学的一个部分，是促进跨文化交际能力培养的重要手段。这并不意味着外语交际能力培养应该附属跨文化交际能力的培养，它可以说是一个次要的教学目标。实际上，在跨文化外语教学中，两个目标的实现同等重要。外语交际能力以目的语言和文化的学习为核心，以语言交际能力和阅读能力的提高为重点，是外语教学实用的语言文字目标（linguistic and literary goal）。跨文化交际能力的培养作为外语教学的高级目标，是通过文化对比，增强跨文化意识，学习文化知识，培养多视角、灵活、立体的思维能力和与不同文化群体交际的技能，来发挥外语教学对学习者个人素质和综合能力培养所具备的潜力，是外语教学的社会人文目标（social and human goal）。虽然在一定程度上，外语交际能力是跨文化交际能力的前提和基础，但是跨文化交际能力的培养过程，同样可以促进外语交际能力的提高，它们是相辅相成、相互渗透、共同发展的关系。

对外语交际能力的研究从 Hymes（1964）、Canale and Swain（1980）到 Van Eek（1986，1991）经历了发展、完善的过程，基本上已经形成一套相对稳定、成熟的理论体系。这些理论在外语教学实践中已经形成一套相对稳定、成熟的理论体系，在外语教学实践中也得到检验和完善。同样，跨文化交际能力作为跨文化交际研究的主要课题之一，也受到许多研究者的重视。Martin（1989）、Lustig & amp；Koester（1993）和 Wiseman & amp；Koester（1993）的著作汇聚了跨文化交际界关于跨文化交际能力的优秀研究成果。当外语教学界认识到跨文化交际能力培养对外语教学的意义之后，也纷纷对外语教学环境中的跨文化交际能力进行定义和分析。由此可见，跨文化交际能力在外语教学和跨文化交际两个学科领域之间所起的桥梁作用是非常大的。

二、大学英语跨文化教学的核心内容

跨文化外语教学内容由四个模块构成：目的语言、目的文化、其他文化和跨文化交际能力。目的语言和目的文化的内容与现行外语教学的内容基本吻合，通过这两方面的学习，学习者能够掌握目的语言知识，并能使用该语言与目的语言群体进行有效交际，这就是外语交际能力。值得一提的是，在这两个模块中分别增加了"语言意识"和"文化意识"内容。将语言意识列入教学内容是希望学习者通过学习目的语言，思考自己的母语，了解语言的普遍规律，尤其是了解语言与社会和文化的关系。同样，培养学习者的文化意识是为了让他们更好地了解文化的构成、作用、发展规律等相关知识。其中文化意识是跨文化意识和跨文化交际能力培养的基础。此外，文化交流作为目的文化教学内容的组成部分，指的是学习者本族文化和目的文化之间的交流，即学习者在学习目的文化知识的同时，不断寻求机会，或由教师创造机会，去体验目的文化，反思本族文化，将目的文化与本族文化比较，以增强自身对文化差异的敏感性，培养对目的文化的移情态度。值得注意的是，文化交流与语言使用应该属于同内容范畴，因为它们通常是相伴而行的。文化是交流的内容，语言是交流的手段。

跨文化外语教学内容的另一个范畴是跨文化交际能力的培养，它包含的教学内容很多。其中，跨文化意识指的是对文化差异敏感性和态度的培养。跨文化交际能力是一个宽泛的概念，是一个包含知识、能力以及情感各个层面的综合素质。跨文化交际实践，作为教学内容之一，主要是由教材和教师提供或创造跨文化交际的机会或情境，让学习者知道跨文化交际过程中可能出现的问题，如文化冲撞、误解等。在教师的帮助下，他们从中学会自我调节，掌握解决问题的方法。这个教学内容模块中，还包括了跨文化研究方法的教学，其意义在于跨文化交际能力的培养是一个终身学习的过程，学习者不可能在学校教育期间学习世界所有不同的文化，外语教学也不可能预计学习者将会遇到的各种跨文化交际情境，因而掌握跨文化研究的方法是最现实、最有效的途径。目前，广为接受的文化研究方法是文化人类学的民族文化研究法，即通常所说的参与研究法。

总之，这些教学因素的关系并不是各自独立、互不联系的，只是为了方便描述才将它们分开。实际上，目的语言、目的文化、其他文化和跨文化交际能力等教学内容的关系是密不可分、相互渗透的。具体来说，语言意识、文化意识和跨文化意识的教学是通过帮助学生了解语言和文化的本质特点与功能，语言、文化和社会之间的密切关系，以及不同文化之间的差异和导致差异的原因，来增强他们外语学习和文化学习的积极性，培养正确看待文化差异的态度，为他们的语言学习、文化学习以及外语交际和跨文化交际实践做好思想上的准备。语言知识和文化知识的学习，毫无疑问是外语交际和跨文化交际的基础，它们构成外语教学的基础内容，两者相伴而行，互为目的和途径。语言使用、文化交流和跨文化实践以能力培养为主，并为情感态度的培养和语言文化知识的积累提供实践机会。跨文化研究方法的学习是在以上所提到的情感、知识和能力培养和增长的过程中，经过教师的点拨，让学生有意识地探索、总结和归纳出适合自己的、有效的文化学习和跨文化交际的方法。文化意识和跨文化意识的培养，目的语言、目的文化和其他文化的学习，外语交际和跨文化交际实践对跨文化研究方法的获取，都起着重要的作用。因为这些内容的学习本身就涉及方法，教师只需在适当的时候将学生的注意力转向文化学习的方法，并进行一些适度的解释和演示，使学生掌握方法，并尝试去应用、检验这些方法，从而使其更加完善。一旦学生掌握了文化学习和跨文化交际的方法，他们就能利用和创造各种机会，独立且更有效地学习新的文化。面对新的跨文化交流的挑战，他们对文化、语言和交际之间关系的理解也会更加全面、深入。综合这些教学因素相互依存、相互促进的关系，就是跨文化外语教学的整体框架。

第三节　大学英语跨文化教学的原则及策略

一、大学英语跨文化教学的原则

（一）文化平等原则

世界上各个民族历史文化传统不同，生活环境、发展程度也都不同，但各种文化都是平等的，不同的文化并无好坏之分。各民族文化都是经过一代又一代传承、积淀而形成的历史渊源。文化平等意识是双向文化导入的基础。跨文化交际是两种不同文化的交流，是本土文化和目标语文化的交流。其实质是在相互平等、相互尊重基础上充分理解对方而不改变自己的平等交际。德裔美国文化人类学家 Franz Boas 的文化相对论认为，每一种文化都是其社会生活发展的产物，是用来满足该文化群体的生活和精神需要的，因此不能用好坏标准来评价。中英文化都有自己的民族特点，因此我们对待中西方文化差异既不能自卑又不能盲从，在教学中要客观地以无歧视、无偏见的态度来对待异族文化。只有相互尊重、相互学习，才能达到共同繁荣的愿望。所以，相互尊重原则是双向文化导入的基础。

跨文化交际中，必须克服以本民族的文化标准来衡量或判断对方言行的想法和行为，避免用本民族标准来判断好坏对错。只有在相互尊重的基础上，才能以平和的心态去审视、吸收另一民族文化的精华。因此，在英语教学中，必须让学生树立文化平等意识，只论异同，不论褒贬，以中立的态度理解和学习西方文化，同时学会用英语讲述中华民族的灿烂文化。

（二）吸收原则

历史经验告诉我们，全盘目标文化与全盘本位文化都是不可取的，一国文化在适应世界文化多元化的同时还要保持自己的独立性和民族性，才能更好地生存。去粗取精是必然要求。在中西方文化发展过程中，由于受当时社会的政治、经济及科技的制约，必然有一部分内容具有时代局限性，有些内容甚至是有悖科学发展的。在英语教学中，注意摒弃过时的、不健康的文化信息，重视正面的、积极的文化信息，吸收英语文化的精髓为我所用。

求同在文化教学中容易把握及实施，学生也较容易理解。存异却是我们在教学中应该着重讲授的方面。对待异于本民族文化之处，我们首先要认知、理解，分清哪些是可接受的，哪些是不可接受的，对待其中的一些闪光点，甚至是欣赏的。"龙"在中国文化中，是一种象征吉祥的神物，而西方人却认为这是邪恶的象征，是凶残暴虐的怪物。如果我们缺乏对两种文化差异的认识，必然导致学生在交际过程中的问题。

（三）有效性原则

英语学习的最终目的是具备跨文化交际能力。有效的交际除了共享同一语言系统外，还依赖于交际双方对宽泛的交际环境、具体的交际环境——情境因素和规范系统这些相关因素的理解和掌握。这里宽泛的交际环境包括文化环境、心理环境和自然地理环境因素等；具体的交际环境——情境因素是指交际双方的社会地位、角色关系、交际发生的场合、所涉及的话题等。规范系统是指某一社会成员规定的行为方式，以使其能被本社会的其他成员所理解。跨文化交际双方要想进行有效交流，必须实现以上方面的共享。因此，英语教学中，文化内容的选择必须包括价值观念文化、地理文化、情境文化、社会规范文化（言语规则和非言语规则），充分考虑文化内容的有效性。

（四）循序渐进原则

除了要注意文化教学内容引入的有效性外，其引入内容的重点、方式及数量都必须与学生的英语语言能力能够相适应，必须根据学生的语言水平、接受能力和领悟能力以及文化内容本身的层次性和一致性，明确文化教学的内容，由浅入深，遵循循序渐进的原则。例如，自然地理文化、情境文化分别属于表层文化和中层文化，其内容相对具体，容易理解，可先安排这类内容，让学生熟悉并了解这两类文化差异，在此基础上再导入文化中的深层次内容——社会规范文化和价值观文化。根据学生语言水平、接受和领悟能力，确定文化教学内容，培养学生对目标文化的兴趣，由浅入深，由简单到复杂，由现象到本质。

总而言之，语言和文化相互影响、相互作用，理解语言必须了解文化，理解文化必须了解语言。在英语教学中增强学习者的文化意识，是我们促进跨文化交际的急切任务。

二、大学英语跨文化教学应遵循的策略

在具体的日常教学中，可以从以下几个方面进行。

（一）从词汇方面入手

要注意词的意义及内涵，英汉两种语言在词义上并不是一一对应的关系，挖掘词语的内涵，有利于正确理解。如"white"，汉语意思为"白色，白色的"，象征着干净、纯洁。但是 white elephant 不是"白色的大象"的意思，在英语中它喻义为"昂贵而无用，但又不易处理的物品"。"white horse"意思为"海上的白浪头"，"white lie"意思善意的谎言，"white-haired boy"意思为"大红人"。同样，汉语"白费事""白痴""白花钱"中的"白"在英语中也不能和单词"white"相对应。从词汇开始文化学习，避免学生出现望词生义，导致理解错误。

（二）从习语的角度着手

从习语的角度着手进行文化教学是卓有成效的，因为习语是语言发展的结晶，具有强烈的文化特征。进行习语的学习，既能学到语言又能熟悉文化，并能从大量的语言材料中看到语言与文化的密切关系，进而加深对英语民族文化与本民族文化的了解，提高语言交际能力。英汉两种语言中，丰富的习语都体现了不同的文化特征。比如，汉语中的"掌上明珠"，英文为 the apple of someone's eye；"手气好"英文为 have the Midas touch。have the Midas touch 此语源自希腊神话，据说神赐给一个叫 Midas 的人一种特殊的力量，任何东西只要被他的手一碰就会变成黄金。后来，Midas touch 便被用来比作"有发财的运气或技能"。"说话兜圈子"英文为 beat about the bush；"心怀叵测"在汉语中的意思为"没安好心"，英文为 have an ax to grind，英语直译为"有一把斧子要磨"。"厚着脸皮去干"，英文为 have the gall to do，其中"gall"是胆汁，这里直译为"有足够的胆汁去做"。中世纪欧洲的医学认为，如果胆汁分泌过多，人就会傲慢无礼或不知羞耻。"没骨气"，英文为 have no guts，其中 guts 是内脏的意思，人们将其引申为"勇气、毅力或力量"。面对这种现象，教师应指导学生做好这些素材的收集，进行比较分析。

（三）从社交礼节及习俗方面入手

社交礼节是指某文化或成员，在特定类别的交际活动中共同遵守的规则与习惯。英汉社交礼节因受各自文化的影响和制约，存在一定的差异。比如，男女共同出门，男士要先请女士先走，说"lady first"；对于别人的称赞，西方人很高兴地接受且回应"thank you"；接受别人的礼物要当面拆开并表示对送礼人的感谢；与西方人交谈时，忌讳打破砂锅问到底等。这些基本的西方社交礼仪和习俗的学习，既能使学生了解西方习俗，也能激发学生学习英语的兴趣。

第四章 高校英语跨文化教学研究

第一节 高校英语跨文化教学的理论建构

语言变化与社会发展同步进行，外语教学作为一门应用型学科，必须以社会发展的需要和学习者个人进步的需要为出发点，以帮助学习者适应社会的政治、经济及文化发展。跨文化交际成为当今世界的时代特征，跨文化交际能力成为学习者适应这一时代发展需要的必备能力，跨文化外语教学就是在这种背景下应运而生的。

一、跨文化英语教学的含义

在进行语言文化教学前，首先要明确的是跨文化英语教学究竟要教什么。跨文化英语教学的目的是使学习者最终成为一个跨文化的人，即通过对文化的学习，使学习者尊重和理解面对不同的文化，在面对不同的文化冲突的时候，能够适时选择合适的交际策略，使交往能够顺利进行。

跨文化英语教学考虑到全球化英语使用和本土语言背景的影响，在跨文化交际过程中实现国际化与本土化的结合，它既注重文化教育，也注重人文教育。语言的使用体现在交际方面，那么在跨文化英语教学过程中，不可避免的是跨文化交际英语教学。在学习过程中应该关注的是跨文化交际法，教学的目的是培养学生的跨文化交际能力。

二、高校英语跨文化教学理论基础

（一）语言与文化，语言教学与文化教学的关系

语言与文化之间密不可分的关系已经得到广泛认可。传统外语教学的基

础学科—语言学，也从单纯的语言形式研究中解放出来，衍生出了社会语言学、语用学、心理语言学等分支学科，并进行了大量跨学科研究，使语言与思维、社会、文化和交际之间千丝万缕的联系逐渐被认识。任何一种语言的产生和发展都依赖于该语言群体及其赖以生存的社会文化。语言不仅具有表情达意的交际功能，而且还是感知和思维的表现系统。前者是语言的外显功能，以语言输入和输出为形式，后者是语言的潜在功能，属于认知心理活动，两方面相辅相成，构成语言使用的全过程。

任何人际交际都是从个体对外界环境进行选择性的感知开始的，这个感知活动受个体的语言、文化和经历的影响。通过各种身体器官（视觉、听觉、触觉等）感知的结果，经过大脑活动将其转换成概念或思想，这两个过程构成语言表达的第一阶段，即输入、内化阶段。要让对方知道自己的思想，还必须借助语言系统外化自己的感知结果和思想，这就是语言使用的外化、输出阶段。这一过程首先是将已经形成的概念和思想转换成能够外化的一个新的符号系统。但这不是真正意义上的语言学习，在这种阶段下，学习者学到的只是一套脱离了原来赖以生存的文化内容的符号系统，学习者只能用它来表达自己本族文化的一些思想内容，却无法将其作为与目的语语言群体进行交流的工具，因为离开了该语言所反映的社会文化现实，这一新的符号系统就好像一个没有了血肉的、僵化的躯干，失去了其原有的活力和价值。外语交际能力的提高必然要求学习者了解目的语言所反映的文化意义系统，通过将目标文化与本族文化进行对比，调整和修改自己的认知图式和参考框架。但只关注语言符号和语言形式而忽视语言使用中的文化内涵的教学显然是毫无意义的。外语教学应该与文化教学有机结合。

跨文化交际能力这一概念将跨文化交际学和外语教学两门学科联系起来，使两个原本独立的学科开始相互渗透、相互借鉴。外语交际能力作为跨文化交际能力的重要组成部分，逐渐受到跨文化培训人员的重视。文化与语言血肉相连，对文化知识的学习和跨文化交际能力的培养理应成为外语教学家族中的成员。

（二）跨文化外语教学是外语教学发展的需要

外语教学是一门极其复杂的应用型学科，涉及到学习者的认知心理、教师的教育观念、社会的政治经济环境等诸多因素，因此，外语教学理论的建立需要借鉴很多不同学科的研究成果。而且，由于外语教学的宗旨是为社会和学习者个人发展服务，培养社会发展所需要的人才，所以随着社会的飞速发展，外语教学工作者也应及时更新观念，调整教学大纲和教学方法，以跟上时代发展的步伐。这就是第三次社会化过程的基本含义，也是外语教学为提高学习者综合素质所做出的贡献。

跨文化外语教学无论是从语言与文化的关系和外语教学的需要来看，还是从社会发展的外部环境来看，都是十分必要的。一方面，文化作为外语教学的有机组成部分，为语言学习提供了真实而又丰富多彩的语境，使语言学习与真实的人和事物能够联系起来，进而激发了学习者外语学习的积极性，增强了他们的学习动机，因此有利于促进外语语言教学，提高教学效果。另一方面，将语言教学与文化教学结合起来符合跨文化交际能力培养的需要，因为不学习目的语言，不通过交际实践，只通过媒体等渠道了解目的文化，其就只能是一种间接的文化学习，学习者不可能获取跨文化交际的亲身体验，因此很难在情感和行为层面实现跨文化交际能力的要求。在外语教学中进行跨文化培训可谓一箭双雕，既满足了语言学习的需要，又促进了跨文化交际能力的提高，从而充分发挥了外语教学的潜力。

到目前为止，我们的讨论还只停留在对跨文化外语教学的必要性和先进性的探讨上。理论说明固然重要，但是跨文化外语教学如何实施的问题则具有更实际的意义，如何在大纲和课堂教学中体现跨文化外语教学的思想是教师和学生更加关心的问题。

三、跨文化外语教学大纲的特点

跨文化外语教学的本质是以跨文化交际能力为组织原则，以文化为中心的外语教学，这显然与以提高外语阅读能力或外语交际能力为目的的外语教学不同。除了上节论述的目标、目的和内容上的区别之外，教学大纲的组织结构也有很多不同之处。

（一）三种外语教学大纲比较

早期传统外语教学的大纲受语言学影响具有很强的科学性，外语教学内容被线性分割，语音、语法、词汇等作为教学的主要内容，与它们得以存在和使用的、真实的社会文化语境几乎完全脱节，学习者的主观思想和个人体验更是被削减。这种客观科学的教学大纲的典型代表是直接法和听说法。后来的交际法外语教学和其他一些以语言能力为目的的外语教学法采取的是一种介于科学性教学大纲和人文性教学大纲之间的、过渡性和连接性的课程大纲。其特点是强调学习者使用所学语言知识来表达自己的思想和感情的重要性。在这个教学大纲中，对意义的理解和表达重于对语言结构和形式的学习，学习者的个人需要和主观作用得到了一定程度的认可。人文性的教学大纲考虑外语教学的社会、经济和政治环境，以及学习者自己的知识和体验对于外语教学的作用。沉默法、暗示法和社团学习法都属于这种人文性的外语教学模式。

交际法和人文性大纲都包括了文化内容，只是前者的文化教学较为肤浅，只涉及与语言和语言使用相关的文化内容，而忽视了社会文化环境和学习者个人文化背景在外语教学中的作用；后者的文化内容虽然较之前者要丰富、自然得多，但其目的仍然是促进语言教学，因此文化在外语教学中仍处于辅助、次要的地位，文化教学自身的价值和独立性也没有得到重视。只有跨文化外语教学才能真正认识到文化教学不仅对语言学习必不可少，而且也是跨文化交际能力培养和学习者个人综合素质发展的必经之路。将文化教学提高到与语言教学同等重要的地位是跨文化外语教学的创举，因此跨文化外语教学大纲将充分体现这一特点。

（二）跨文化外语教学大纲的特点

1. 文化与语言互为目的和手段，共同构成外语教学的基础内容

文化是语言存在和使用的环境，通过学习语言形式和语言使用中所蕴含的文化内容，使语言学习更加全面深入、真实生动。语言教学材料因为文化内容的全面渗透而被置于一个真实的、丰富多彩的文化环境之中，拉近了学习者与学习对象之间的距离，使学习个人化、自主化，有利于刺激学习者外语学习的积极性，促进外语交际能力的提高。从这个意义上来说，文化学习的目的是方便更好地学习语言，文化学习是语言学习的手段。这种观点得到了很多外语研究者和教师的认可，并在外语教学中被广泛实施，然而在跨文化外语教学中，这只是一个方面。

语言是对文化的反映，语言学习必然是文化学习。语言学习的目的是习得目的语言，掌握一个新的交际工具，同时也是为了开阔眼界。学习者通过学习和使用目的语言，来学习和体验目的文化，并在此基础上接受跨文化培训，培养跨文化意识，获取跨文化交际能力。所以说，语言学习是文化学习

的途径，而文化学习是语言学习的最终目的。

值得一提的是，母语和本族文化在这一教学过程中仍然起着重要的作用。它们虽然不是教学的主要内容和目的，但是在培养语言意识和文化意识，进行文化对比时，母语和本族文化的作用不可轻视。而且，根据跨文化外语教学的标准，反思并更好地理解自己的民族文化和个人的文化参考框架也是教学目的之一，因此制定大纲时也应该考虑这一点。

2. 文化教学与语言教学有机结合

这是对前一点的继续说明。处于同等重要地位的语言与文化内容会有机结合并贯穿外语学习各个阶段（初级、中级和高级）、各个环节（外语教学计划、课堂教学和教学评估与测试等）和各门课程（听、说、读、写等）。虽然根据学习者的语言、文化和认知水平，在不同阶段语言和文化的学习会各有侧重，但是就外语教学整体来说，二者处于同等重要的地位。正因为二者天生的不可分割的联系，所以二者在实际教学中也应该是你中有我、我中有你。当然，语言与文化在外语教学中的有机结合并非易事。教学内容的膨胀和不熟悉的教学要求往往会使缺乏经验的教学设计者和教师难以兼顾，顾此失彼。这就要求大纲制定者、教材编写者和教师培训者等各路专家广泛合作，充分研究语言与文化在教学中结合的途径，将研究结果转换为实用的、操作性强的、系统化的大纲、教材和培训项目，给教师以足够的准备时间和实实在在的帮助。

跨文化外语教学的目标是通过小学、中学、大学，甚至持续到大学毕业后的外语教学和社会实践来实现的，这是一个连续的、一贯制的学习过程，在这个过程中有很多因素都会对教学成果产生影响，其中各阶段教学目标的确定、课程设置、教学活动、教学方法、教学原则、教材、测试和教师等因素起着决定性的作用。

第二节　高校英语跨文化教学的原则与方法

一、跨文化外语教学的原则

一般来说，教师是教学的主要执行者，是教学的主体，韩愈所说的"传道、授业、解惑"就是对教师的主导作用进行的精辟描述。但是在跨文化英语教学中，教师的主体作用得到了不同阐释，学习者的中心地位也就凸显出来，英语教学也因此呈现出不同的特点。这些特点集中主要表现于以下四条教学原则：

（一）以学习者为中心，以引导学习者进行自主学习为主要教学模式

学习者是教学过程的真正主体，教师的教学、教材的编写和教学方法的设计与选择都必须围绕学生的实际需要进行。在跨文化英语教学中，不仅学习者的英语语言学习需要受到应有的重视，而且在整个教学过程中，学习者对母语和本族文化的体验和理解、对目的文化和其他文化的态度、个人综合素质的提高，包括立体思维方式的形成和跨文化交际能力的培养，甚至对整个人生的态度等很多与学习者的过去、现在和未来密切相关的主题，都是教学设计和教学活动的考虑因素。就教师而言，引导学习者进行自主学习是其主要任务，虽然知识的传授和规则的讲解仍然必不可少，但是教学的中心应该转向对学习者自主学习能力的培养，这一点对于跨文化英语教学来说非常重要。原因之一是当今世界信息爆炸，知识在不断更新，培养终身学习的思想、掌握独立学习的方法成为教育界普遍重视的一个趋势；另一个原因是跨文化英语教学的目标和内容相对于传统的外语教学而言扩大了无数倍，而教学时间基本不变，不可能有大幅度的增加，因此学习者在校期间有很多教学内容无法接触和学习，教师只有通过"授之以鱼"的方法，才能确保教学目标的最终实现。这也是为什么将学校的英语和文化学习也纳入整个教学体系的原因。以学习者为中心、以学习为中心的思想在后面几条原则中也都有体现。

（二）语言教学与文化教学有机结合

语言和文化在跨文化教学中互为目的和手段。英语发展为国际通用语的动因之一是跨文化交际的日益频繁，来自世界各地、各民族、各文化群体的人们需要这一通用语作为沟通和交流的媒介，因此英语学习的目的之一就是进行有效的跨文化沟通，而且由于英语语言学习本身涉及文化的学习，所以我们完全有理由说，英语语言的学习是文化学习的手段，文化学习和跨文化交际是英语学习的目的。反过来，文化学习为英语语言学习提供了丰富多彩、真实鲜活的素材和环境，大量文化材料被引入进英语教材和课堂，不仅使英语学习意趣盎然，而且是英语交际能力培养的重要保证。总之，跨文化英

教学包含语言教学和文化教学两个相辅相成、不可分割的方面。

所以，在教学设计和课堂教学中语言教学和文化教学必须有机结合，这种结合主要体现在外语教学的各个阶段、各个环节。虽然根据学习者的认知水平和学习需要，在不同阶段和不同课程中语言和文化各有侧重，但是在跨文化英语教学中没有单纯的语言课或文化课，只要具有这种意识，总能找到二者的结合点。

（三）从实用主题过渡到间接、抽象的意识形态领域

不同年龄层次的学习者在认知水平、情感发展和经历、经验上有着很大的差别，这些差别必然导致教学内容和教学方法的不同。一般情况下，对于年龄较小的学习者来说，与他们的生活和学习息息相关的、具有可比性的、具体的、直观的教学材料较为合适。随着学习者认知水平的发展、心理承受能力的增强和人生体验的增加，语言教学和文化教学内容的深度和广度逐渐扩大到一些间接的、复杂的、需要进行抽象思维的意识形态领域。就文化教学而言，这种相关性和适合性的原则至关重要。跨文化交际能力的培育是一个漫长而复杂的过程，在这个过程中，由于学习者对母语和本族文化理解和体验是学习过程中不可缺少的一部分，所以学习者在学习外国文化的同时，一直处于一种自我认识、自我反省、自我批评、自我完善的状态之中，任何与他们的经历和认知能力相距甚远的教学内容和方法都将会背离以"自我"与"他人"相互对照的文化学习原则。

（四）平衡教学内容和教学过程的挑战性

任何教学活动都涉及教学内容和教学过程两个方面。为了取得最大的教学效果，对内容的安排和过程（教学活动）的设计必须考虑对学习者的挑战和支持程度。理想的教学应该是挑战和支持得到很好的协调，如果内容复杂、难度较高，那么教学活动或过程就应该相应地去降低难度，给学习者较多的支持；相反，如果内容简单、难度较低，教学活动就应该增加挑战性。只有这样，才能保证学习者从教学中能够得到最大的收益。否则，复杂的教学内容如果被置于挑战性很强的教学活动中进行学习，学习者就会有很强的恐惧心理和挫折感，不利于激发他们的学习积极性；相反，如果内容简单，教学活动又缺乏挑战性，那么学习者的学习潜力将无法发挥，而且他们自己也会觉得乏味，学不到东西。

处理好教学内容与过程、挑战与支持之间的辩证关系是跨文化培训的一

个重要理论和原则，这对于跨文化英语教学来说同样适用。

二、跨文化外语教学的常用方法

近年来，随着跨文化培训和外语教学的蓬勃发展，文化教学方法和语言与文化结合教学的方法层出不穷。下面首先介绍几种常用的文化教学方法，然后对如何在实际教学中将文化教学与语言教学有机结合下进行论述。

（一）文化教学的常用方法

文化教学方法大都是由跨文化培训专家通过实践，结合社会学、文化学、教育学和心理学的相关理论研究开发出来的。目前，广泛使用的方法归纳起来有以下几种：

文化讲座。讲座作为传授知识的一种有效手段，对于文化教学来说也是必不可少的。跨文化交际能力的培养需要学习者了解和掌握相关文化知识，如文化的本质特点和功能、文化包含的内容和范畴、不同文化的价值观念和习俗规范等，都可以通过讲座的形式去传授给学习者。不同文化主题构成一系列的文化知识讲座，有利于学习者进行系统文化知识的学习。但是，文化讲座提供给学习者的大都是间接的经验，而且大量冗长的讲座往往会使学习者感到厌倦，所以在设计讲座时应该力求简明扼要、生动有趣，而且还要辅之以其他方法来加强所讲授内容的记忆和理解。

关键事件。通过分析实际跨文化交际中发生的、具有典型代表意义的失败案例来说明跨文化交际中误解产生的原因，帮助学习者了解两种不同文化在某个方面的不同期望和表现。具体做法是，首先对来自不同文化背景的交际双方之间所产生的误解及情景进行描述，然后给出不同解释误解产生原因的选择，让学习者根据自己的理解进行选择，如果一次选错，就请他们再选，直至选对为止。这些案例通常来自真实的交际，对学习者来说非常有趣，而且这些案例具有代表性和启发意义，能够刺激学习者在阅读案例和选择答案时进行思考，有利于跨文化敏感性的培养。

模拟游戏。这是一种亲身体验式的活动，旨在挑战假想，扩大视野，促进能力的提高。学习者通过模拟游戏可以感受一些自己尚未经历过的情景，从中获取经验和认识，这对于文化学习者来说至关重要。

以上各种方法虽然以跨文化能力培养为主要目的，但是经过变通和再设计也可以与外语教学实现有机结合，成为跨文化外语教学的方法。

（二）文化教学与语言教学有机结合的方法

除了以上文化教学的各种方法之外，我们还可以在促进教师和学生改变教学观念的基础上，通过对传统外语教学方法和手段进行改革，开发出一些将文化教学与英语语言教学有机结合的方法。

1. 通过文学作品分析进行文化教学

文学作品分析是语言教学的一个常用途径，中国很多英语教学活动都是通过欣赏和分析文学作品来进行的。文学作品中蕴含丰富的文化内容，语言形式和文化内容在此得到完美结合，因此在文学作品分析的过程中同时进行语言教学和文化教学不仅是可能的，而且也是必要的。实际上，传统的语言教学在分析文学作品时并没有避而不谈文化内容，只是教师没有将文化教学列入教学目标，导致文化内容的讲解服务于语言教学的需要，处于一个从属、次要的地位。要改变这一现状，我们必须在确定教学目的和目标时，去考虑文化教学的需要，使文化教学内容和语言教学内容并列成为教学关注的对象，利用文学作品语言和文化完美结合的优势进行跨文化外语教学。

2. 词汇教学与文化教学的结合

任何语言的词汇都承载着丰富的文化信息，每个词所包含的文化内涵是任何词典都无法穷尽的。如"早饭"一词在汉语、英语和法语中，不仅表达形式和发音不同，而且其文化所指也不尽相同。此外，不同语言中的词汇还反映了说话者不同的价值观念。正因为词汇及词汇的使用具有浓厚的文化特点，所以我们在进行词汇教学时不能只停留在词汇的意思和用法上，还应该介绍词汇包含的文化内容，尤其要呈现词汇在真实文化语境中具体使用的情况。就目前的外语教学而言，词汇教学中文化教学的潜力并没有得到充分挖掘，教师通常呈现给学生的是从词典上下载的词义解释，很少将词汇中所蕴含的文化意义介绍给学生。另外，学习者在学习生词时通常处于被动接受的状态，这就导致他们所学的词汇成为一组僵化的符号，无法在真实的交际活动中加以运用。我们在对词汇的本义、比喻义和文化内涵进行全面介绍的基础上，还应该将它们置于真实的文化语境中进行操练，让词汇知识转换成词汇使用能力。例如，我们在教描写人物的形容词时，除了介绍词义之外，还可以选择一些来自本族文化或目的文化的、真实的历史或当代人物，用这些形容词来进行叙述；也可以让学习者用这些形容词来描述自己。这样做，学习者既可以学会这些描写形容词的词义，也能了解它们的文化内涵，还有机会接触来自不同文化背景的历史人物故事。显然，这种词汇教学方法将词汇教学与文化教学有机结合，不仅使词汇学习生动有趣，而且将文化学习落到实处。语义场的使用也是词汇教学与文化教学有机结合的一种手段。

3.阅读教学与文化教学的结合

说起文化教学，人们很自然地就会想到阅读教学，我们可以通过阅读材料将文化和语言有机地联系在一起。但是在实际教学中，很多教师难以有效利用阅读教学这一手段来进行文化教学，或是因为受到了以语言形式为中心的教学思想的影响，或是因为自身对于目标语言的文化知之甚少，或是简单认为阅读材料中的文化只是题目中的背景，只要将相关的文化介绍一下，让学生能够理解文章进而答对题目就可以了。阅读教学致力于提高学生阅读速度和阅读理解能力的同时，关注的是语音、语法、词汇、句型和翻译等语言学习的内容，在很大程度上忽视了阅读篇章中蕴含的文化信息，即使谈到相关文化的某些内容，通常也不是以增强学生的文化能力为目的，而是帮助他们更好地理解篇章本身。总之，目前外语阅读教学并没有将文化教学列入自己的教学目标和内容中，因此有关文化讨论也不是真正意义上的文化教学。

要真正实现阅读教学与文化教学的有机结合，必须在确定教学目标和教学内容时考虑文化教学的实际需要，在实际教学中可以通过设置读前和读后任务将学习者的注意力吸引到篇章内容上，进行相关文化的讨论和学习。例如，在阅读一篇关于美国饮食文化的英语文章前，我们可以提出一系列有关学习者本族文化中饮食习惯的问题，让他们先去进行读前热身，然后建议他们在阅读文章时注意美国饮食文化与自己的饮食习惯的异同。读完文章后，学习者在回答有关美国饮食文化的相关问题的同时，进行文化对比。教师对语言点的解释可以插入到讨论中，也可以在这些文化教学活动结束之后，但不能让语言形式的学习压倒篇章内容的理解和文化内容的讨论。

4.听说教学与文化教学的结合

阅读有利于学习者学习和了解相关文化知识，听说活动则使他们有机会切实感受跨文化交际过程，提高交际能力。无论听或说，都必须以内容为基础，因此内容的选择和安排都至关重要。我们首先要确保听说的材料和主题必须是真实的、具有代表性的，能够真实反映目的文化或本族文化的不同侧面。其次，在跨文化英语教学中，由于英语教学和文化教学同等重要，所以在编写听说教材时不仅要考虑学习者的语言水平和语言学习的需要，还应注意文化内容的系统性，即将语言教学的需要与文化教学的需要结合起来作为选择和安排教学材料和内容的依据，使学习者系统地学习文化知识，增强文化能力。当前的英语听说教学虽然比较重视材料的真实性，所选材料基本上都具备文化教学的价值，但是在文化内容的选择和组织上比较随意，缺乏系统性，这实际上也是整个外语教学不能最大化发挥其文化教学功能的主要原因。

此外，跨文化英语听说教学应该充分利用多媒体教学手段，这不仅有利于提高学习者进行语言交际的积极性，而且更是跨文化交际能力培养的需要。日益发展的多媒体技术为在外语教学中进行文化教学开辟了新的道路，将各种跨文化交际情景真实地呈现给学习者，让他们有一种身临其境的感受。图文并茂、音像俱全的听说材料使学习者的各种感官均可受到刺激，特别有利于从情感和行为层面上培养他们的跨文化交际能力。

语言与文化在教学中有机结合的方法不仅限于以上所述，而且随着跨文化英语教学思想的不断深入，相信更多更好的方法将会被开发和应用。然而，在此之前我们必须强调教师和学生转变教学观念的重要性，要真正做到语言教学和文化教学的有机结合，教师和学生必须认识到外语教学应该承担的双重任务：既要促进学习者外语交际能力的提高，又要帮助他们培养人文素质，形成立体、多维的思维方式，成为跨文化的人。只有在这一前提下，我们才能确保跨文化外语教学思想能够得到有效贯彻和实施。

三、民族文化学的参与观察法在跨文化外语教学中的应用

民族文化学的研究方法俗称参与观察法，是文化人类学和社会学经常运用的研究方法，近年来在其他社会科学领域也得到了广泛的应用。简而言之，这是一种实地考察的方法，即研究者与研究对象同吃同住，研究者对研究对象进行参与性的观察，从"圈内人"的视角来分析、描述某一群体的社会和文化活动。随着跨文化交际研究和跨文化英语教学思想在美国和欧洲的兴起和发展，这种方法逐渐被应用于跨文化培训和外语教学中，拓展了跨文化外语教学的渠道，成为一种语言与文化学习和个人综合能力培养的有效方法。

（一）民族文化学参与观察法的特点

作为一种文化研究方法，参与观察法主要有这样一些特点：①研究者既

是参与者，又是观察者；与研究对象之间既亲密无间，又保持了一定距离。正是这种特殊的身份使他们能够完成对目的文化各个层面或某些层面的研究。②它是一种具体的、从实践到理论，而不是抽象的、从理论到实践的研究方法。研究者置身于目的文化群体之中，与人们进行广泛深入的交流，自然而然地了解目的文化，从而得出关于目的文化的某些结论。③它以具体文化为研究对象，属于具体文化研究，而不是文化普遍理论研究。

（二）民族文化学参与观察法对外语教学的作用

参与观察法被引入外语教学的直接动因和先决条件是文化作为外语教学有机组成部分的地位得到普遍认可，外语教学的目的既是提高外语语言能力，也是增强跨文化意识和跨文化交际能力，还是培养学习者独立学习和立体思维能力，提高综合素质。在这一前提下，以参与观察为主要形式的民族文化学的研究方法在外语教学中就展现出其得天独厚的优势。

总之，跨文化英语教学与传统的英语教学在教学目标和教学内容上的不同决定了其教学原则和方法的不同。跨文化英语教学既关注外语教学的语言文学目标，又重视外语教学的社会人文目标，它在教学原则和方法上与传统外语教学最大的区别在于以下几点：

（1）语言教学与文化教学有机结合，语言与文化互为目的和途径。英语语言的学习是文化学习的手段，文化学习和跨文化交际是英语学习的目的；文化学习为英语学习提供了丰富多彩、真实鲜活的素材和环境，是英语交际能力培养的重要保证。语言教学与文化教学的结合贯穿外语教学的各个阶段、各个环节。

（2）自主学习能力的培养和文化学习方法的探索是跨文化英语教学的重要内容。语言的学习和文化的学习都是一个终身学习的过程，学习者不可能永远依赖教师去进行学习。跨文化交际能力的培养尤其需要学校教育与社会实践相结合，因为学习者离开学校进入社会后，将会有很多继续学习和亲身实践的机会，这些机会一定程度上很好地弥补了学校实践教育的不足。只有在学校教育期间帮助学习者提高自主学习的能力，掌握文化学习的方法，学习者才可能在离开学校后利用各种学习和实践机会，进一步提高自己的跨文化交际能力。

（3）跨文化英语教学特别重视调动学习者的各种学习潜能和机制，充分运用各种教学手段多层次、多渠道去进行教学。跨文化交际能力的培养过程就是学习者的认知、情感和行为不断变化的过程，它需要学习者积累知识、转变态度、调整行为、发展技能。这种学习要求只有通过开发和应用多种教学手段才能得到满足，日益发展的多媒体网络技术为此也开辟了新的道路。

（4）跨文化英语教学重视学习者本族文化的作用，并将认识、反思和丰富本族文化作为教学目的之一。比较和对比是实现这一教学目的的主要方法，学习者在英语语言学习和文化学习过程中，不断地将本族文化现象与其他文化的相关现象进行比较和对比，形成对本族文化的再认识。

跨文化英语教学虽然采用说教式的知识传授法与体验探索式的教学方法并用的教学方法，但是后者的作用更加明显。民族文化学的参与观察的研究方法就是一种典型的体验探索式的学习方法，是跨文化英语教学的一个重要特色。

第三节　跨文化传播与英语教学

教育也属于传播学的研究领域。教育传播的定义为：一种以培养和训练人为目的的信息传播活动。也就是说，教育是一种有目的、有意识地对人进行的信息传播活动。因此，英语教学与跨文化传播密不可分。接触和了解英语国家的文化有利于对英语的理解和使用，有利于加深对本国文化的理解与认识，也有利于培养世界意识。我们在多年的教学活动中，已经逐步认识到了跨文化传播教学的重要性，也总结出了一系列行之有效的教学方法。

一、进行跨文化传播教学的原因及目的

随着社会科技和经济的发展，教育正在逐步走向国际化，国家间的教育交流与合作也日益频繁。世界各国相互交流、相互竞争，共同促进国际教育的发展。国家的发展主要依靠教育，各国综合国力的竞争和发展主要依靠国际型人才，因此国际型人才的培养和竞争成为教育国际化的核心。培养高素质、具有创新精神和创新实力的人才成为我国教育的重心和目的。

在我国传统的学校教育中，教师是权威的掌控者，把知识灌输给学生，学生是被动的接受者，学习缺乏积极性和主动性。文化差异是跨文化交流的障碍，克服文化差异造成的交流障碍已经成为整个世界共同面临的问题。一个企业若想让自己的产品能够打入国际市场，一个跨国公司若想在众多国家

和地区创造高效益，不仅需要高超的经济和技术手段，而且需要深入了解对象国的文化。现代社会中一个企业的成功不仅是经济的成功，而且也是跨文化交流的成功。

我们在过去的英语教学中，把训练学生的听、说、读、写作为首要目标，极少考虑文化的内涵和使用环境。我们的中学英语教学长期以来固守一个模式，那就是片面强调语言能力，围绕书本讲语法、背句型，不太注重语言环境的教学。这是我们的学生在真正的跨文化交流中发生语用错误的问题所在。近 20 年以来，这种情况有所改变。许多外语教师认识到在语言使用时，除了结构规则，即语音、词汇和语法等起作用外，还有一种规则，即使用规则在起作用。

二、英语跨文化传播教学的理论基础

（一）认知建构主义理论

建构主义也称结构主义，由瑞士学者让·皮亚杰最早提出。皮亚杰认为，智慧本质上是一种对环境的适应，智慧的适应是一种能动的适应。一定的刺激只有被主体同化于认知结构之中，主体才能做出反应。在皮亚杰的理论基础上发展而来的认知建构主义学习理论认为，知识不是通过教师教授得到的，而是通过学习者在一定的情境下借助其他的帮助，利用学习资源，通过意义建构的方式获得的，教师只是活动中的指导者与参与者。

建构主义学习理论的基本观点包括以下三点：

1. 学习是一种有意义的过程

知识的获得是学习个体与外部环境交互作用的结果。

2. 学习是一种协商活动的过程

由于每一个学习者都有自己的认知结构，对外部世界的理解也局限于自己的经验解释，因而不同的学习者对知识的理解不会完全一样，进而导致了有的学习者在学习中所获得的信息与真实世界不相吻合。此时，只有通过社会"协商"和时间的磨合才有可能会达成共识。

3. 学习是一种真实情境的体验

在真实世界的情境中会使学习变得更为有效。学习的目的不仅仅是要让学习者懂得某些知识，而且要让学习者能真正运用所学知识去解决现实世界中的问题。

学习者对知识的建构是受社会性相互作用影响的。学习者之间的相互交流会影响学习者的知识构建。因为每个人的已有经验和学习情境不同,对知识的理解自然会存在一定的差异。也就是说,学习者对知识的理解是多元的,相互交流能促使每个学习者都能从多个角度进行建构知识。在英语教学的过程中,教师进行跨文化的传播,学生可以通过对不同语言和文化的吸收来建构自己的知识体系、文化体系和价值体系,并通过对不同真实情境的模拟教学来掌握正确应用英语的能力。

(二)探究式学习理念

学生主动探究的学习活动,是一种学习的理念、策略和方法。它适用于各科的学习,并要求教师在教学过程中以问题为载体,创设分析问题和解决问题的情景和途径,让学生通过探究,主动获得知识并运用知识。在跨文化传播的英语教学中,探究式学习理念表现为学生获得他国文化信息并处理这种信息的能力,在探究中学会如何去应用所获得的信息来正确处理自己面临的问题,努力消除跨文化交流中的文化障碍。

1. 在英语教学中激发学生学习兴趣,培养学生自主学习能力

激发学生学好英语的浓厚兴趣,培养学生自主学习能力,是使学生进行主动探究式学习的前提条件和主要手段,是提高英语教学质量的有效途径。兴趣是最好的老师。随着现代教学技术的普及,DVD、多媒体的使用给学生提供了听觉、视觉的新感受,这为学生创造了一个轻松有趣的学习环境,对增进学生的兴趣有着特殊的作用,能让学生在愉快轻松的气氛中掌握语言知识和语言技能,引发学生的学习兴趣。

2. 在英语教学中培养学生反思性学习能力

反思性学习是以学生为本,以教学的具体内容为对象,以激发学生主动思考、积极研读和努力实践为目标,以理解掌握和升华应用知识为内容的研究性探索活动,具有主体性、探索性、灵活性、创新性和开放性等特征。反思性学习的出发点在于优化学生的英语学习方式,通过思考和探究进行分析归纳、处理知识信息等活动来使学生学会合作、学会学习,最终实现提高学习效率、提升思维意识、提高分析能力、形成综合创新能力的目的。

3. 在英语教学中培养学生创新性学习能力

探究式教学特别重视对学生智力的开发和创新性思维的培养,力图通过

学生的自我探究去引导他们掌握科学的学习方法，为其终身学习打下坚实的基础。培养学生创新性学习能力的重要任务是开发学生的潜能。教师不能独占整个教学活动时间，而是要结合学科教材内容的特点和学生已有知识储备和能力水平有效开展形式多样的课堂教学活动，对学生进行有效的思维方式训练。

三、高校英语的认知建构主义理论概述

从 20 世纪 90 年代开始，一种新型的理论"建构主义理论"开始逐步替代我国传统的教育理论。建构主义是认知学习理论的一个重要分支，是认知学习理论的再发展，它从认识论的高度展示了认识的建构性原则，强调了认识的能动性。建构主义理论在国际教育领域的理论和实践中起着举足轻重的作用，是新一轮课程改革的现代教育理论依据之一，是对传统教育理论的挑战。建构主义认为知识不是通过教师传授得到的，而是学生主动构建获得的，提倡以学生为中心，教师只是组织者和帮助者。

建构主义的知识观、学习观和师生观对教育理念具有重要的指导作用和实践意义，引发了教育工作者的不断思考和探索。笔者作为一名一线英语教师，对高校的英语教育现状有很清楚的认知，深知英语教育的重要性和实践性，也在不断探索适应当今社会的更好的教育模式。

（一）建构主义的知识观

知识的建构就是人在一定的情境之下，面临新事物、新现象、新问题、新信息时会根据情境中的线索，调动头脑中事先准备好的多方面、多层次的前经验来解释这些新信息，解答这些新问题，赋予它们意义。传统的客观主义知识观认为，知识是客观世界的本质反映，是对客观事物的准确表征。知识只有在正确反映外部世界的情况下才被认为是正确的，客观知识就是真理。大多数建构主义对知识的客观性和确定性提出了质疑，认为知识不是对现实的准确表征，它只是一种解释、一种假设，并无最终答案。另外，建构主义者认为，知识不可能以实体的形式存在于具体个体之外，甚至这些命题还得到了较为普遍的认可，但这并不意味着学习者会对这些命题有同样的理解，因为这些理解只能基于个人的经验背景建构，它取决于特定情境下的学习历程。在具体的问题解决中，学习者需要针对具体问题的情境对原有知识进行

再加工和再创造。建构主义的这种知识观尽管有些激进，但它向传统的教学和课程理论提出了巨大挑战。在建构主义看来，课本知识只是一种关于某种现象的较为可靠的解释或假设，并不是解释现实世界的"绝对参照"。在学习过程中，学习者不仅要理解新知识，而且要对新知识进行分析、检验和批判。

英语教学是语言知识的传授和学习。建构主义英语教学观批判教师灌输、学生被动接受的教学方式，也反对乔姆斯基先天语言习得机制在语言教学中的根本性作用。建构主义知识观认为，语言学习是环境交互作用、学习者主动建构知识的过程，它提倡以学生为中心，教师作为组织者和引导者要善于运用情境教学、问题教学、协作教学等各种教学手段和方式，来帮助学生能够更有效、更灵活地学习英语知识。建构主义知识观主要阐述了知识的主动性、情境性和群体性。

1.知识性，即认为知识是对客观特质世界的假设和推测。在英语教学中，对知识意义的把握应以研究的方式来学习，应建立在自己的经验之上。

2.情境性，即强调真实情境下的学习。英语学习尤其强调学生的亲身体会和实践，重视课堂活动及实际运用。

3.群体性，即认为学习是一个社会互动过程。英语语言学习作为用于交流、具有很强实践性的语言性科目，讲究在自然环境中通过同伴间互动、合作完成。建构主义知识观能够在英语教学中得到很好的体现和运用。

（二）建构主义的学习观

1.学习是认知结构的改变过程。建构主义认为，个体的学习是双向建构的过程，学习过程不是简单的知识信息输入、存储和提取，而是新旧经验或经验之间的相互作用过程。这主要涉及同化和顺应两种机制，学生要探索与新知识一致的旧知识来同化新知识，而且要关注到新旧知识之间的冲突，并设法调整解决这些冲突，有时就需要改变原有的错误观念。

2.学习是个体主动建构自己知识的过程。不同倾向的建构主义者对学习的关注有所不同，有的关注个体与物理环境的交互作用，有的关注个体与社会环境的相互作用，但他们都把学习看成是意义建构的过程，都用新旧知识经验的相互作用来解释知识建构的机制。

四、情境、协作、会话、意义建构是学习环境设计的四大要素

建构主义认为，知识不是通过教师传授得到的，而是学习者在一定的情境即社会文化背景下，借助学习获取知识的过程及其他人（包括教师和学习伙伴）的帮助，利用必要的学习资料，通过意义建构的方式获得的。

情境：学习环境中的情境必须有利于学生对所学内容的意义进行建构。这就对教学设计提出了新的要求，也就是说，在建构主义学习环境下，教学设计不仅要考虑教学目标分析，而且还要考虑有利于学生建构意义的情境的创设问题，并把情境创设看作教学设计最重要的内容之一。

协作：协作发生在学习过程的始终。协作对学习资料的搜集与分析、假设的提出与验证、学习成果的评价直至意义的最终建构均有重要作用。

会话：会话是协作过程中不可缺少的环节。学习小组成员之间必须通过讨论商讨如何完成规定的学习任务。

意义建构：这是整个学习过程的最终目标。所要建构的意义是指事物的性质、规律以及事物之间的内在联系。

英语教学能够比较好地体现了建构主义学习观，尤其是随着技术的发展，多媒体在英语课堂中的广泛使用创设了有利于学生建构知识的英语语言环境。课堂教学中通过多媒体可以多层次、多维度地展现教学内容，达到学生学、练结合。英语教学应注重培养学生的语言运用能力及掌握语言学习方法，多媒体辅助教学恰好提供了帮助学生多途径、多方法地构建新知识的语言教学环境。其创设的情境能使学生在真实的环境中进行言语交际，更好地学习和使用其所学的语言，从而能在很大程度上去激发学生的学习兴趣和动机，使学生建立学习英语的自信心、主人翁感，积极地进行英语知识意义的获得和建构。

1.情境：语言学习的必需

（1）情境的教学效应。建构主义的学习观为我们提出了如何培养"每一个学习者的学习"的课题，亦即寻求这样的"学习"：基于体验与活动的、关注学习者内在的兴趣爱好的学习，以及关注以学习者的整体成长与发展为轴心的每一个学习者的学习。这种发展学习者经验的新学习观所要求的"学习"具有如下特征：通过体验与活动的学习，不仅是头脑认知的操作，而且使身体与情感融为一体；学习者的成长、自我形成不应被视为只是单纯的学

习者自身的内在成长，自然和种种他者的沟通与社会参与过程中的"交互作用关系""情境"和"场"对于学习也具有重大意义。

在英语教学中，要提高学生的英语学习水平，必须激发学生的学习兴趣，把被动的知识学习变为一种需要，让学生自然接受、主动学习。"学生应该建构自己的知识"，这是近年来很多教育机构的号召，因此我们要创设语言学习情境来帮助学生去更有效地建构自己的知识。

我们需要快乐教学。所谓快乐教学，就是通过师生、生生之间情感、言语交流，激发师生教与学的热情，使学生在愉快的气氛中不知不觉地学到知识，自然而然地应用它。在情境中进行语言教学可以帮助学生掌握并及时运用所学到的语言知识，使他们有切身的体会，从而实现理想的教学效果。网络上有很多学习英语的小游戏，它们之所以吸引人，就是因为人们能在游戏中自然轻松地掌握新知识，并能边学边用，学起来没有负担。"让学生在生动具体的情境中学习英语"是英语新课标倡导的教学理念。在这个游戏活动场景中，由一条主线逐步引导学生学习并掌握，好奇、挑战的心理及成功后的喜悦遮盖了犯错的烦恼，学生就不觉得记忆字母是辛苦而又枯燥的了。游戏其实也创设了一种具体情境，把字母和单词放在具体情境中运用，学生感受到了学习的快乐，而不仅仅是为了掌握某个知识才去学习。在课堂中适当地引入这种游戏教学模式，不仅可以激发学生的学习兴趣，而且可以通过所创设的语言学习情境，帮助学生更好地构建新知识。

语言脱离了情境就难以表达意义。所以，学生只有把所学运用到表述意义的情境中去，才能使语义更加明确。好奇是人的天性，兴趣是最好的老师。兴趣是学习的动力，学生有兴趣学习才能提高外语教学质量，英语课堂才能实现快乐教学。教师要以自己自然、形象的表演，运用身体语言，包括多变的手势、丰富的表情、抑扬顿挫的语调去创设语言环境，使学生身临其境，能在欢乐的气氛中获取知识并积极参与语言实践活动，使教与学都能和谐地达到预期效果。由于学生知识面比较狭窄，生活经验贫乏，所以在教学中教师要从感性认识开始，使教学内容具体化、形象化。我们必须充分运用实物、图片、幻灯片、录音等多媒体教学手段来创设和渲染情景气氛，让学生的各个感官都动起来，自然而然地去看、去听、去说、去感觉，实现运用语言的目的。

（2）情境的类型。建构情境就其广义来理解，是指作用于学习主体，产生一定的情感反应的客观环境；从狭义来认识，则指在课堂教学环境中，作用于学生而引起其积极学习情感反应的教学过程。创设情境可分为以下几类：

①直观情境。教师通过创造性劳动，把教学内容变为具体、可感的东西，以体现教学的直观性原则，提高教学效率。这是理论联系实际的一种方法。

直观情境可以是"实物直观"，就是运用实际事物或其模拟形象来进行教学，包括实物、图片、简笔画等。例如，在教学运动类的词汇和句型时，小一点的物品，如乒乓球、羽毛球等可以带实物进课堂，大一点的物品，如篮球、排球、足球或其他运动项目等则可以用图片或在黑板上用简笔画来表示。

直观情境还可以是"言语直观"，就是教师运用言语的声调、节奏、情感等多种因素，绘声绘色地勾画场景，引导学生增加对课文的感知和理解；或通过录音机、电视机等把课文场景呈现出来，让学生能直观感受课文中人物的语气、语调，融入角色之中，加深对课文的理解。言语直观地给予了学生强烈的心灵刺激，让学生自然投入，有身临其境的感受，从而成为学习的主体，有兴趣主动去学习、去了解，而不是被动地去接受和理解。言语直观在一定程度上是教师讲学生听，因此在用言语描绘情境时应注意言简意赅，迅速把学生带入情境之中，因为过多的废话只会分散学生的注意力；同时教师需要有一定的幽默细胞来灵活应对课堂突发现象，既要吸引学生的注意力，又不能打击部分易走神学生的积极性。因为枯燥乏味的言语只会让学生觉得厌烦，无法投入，达不到理想的教学效果。

②问题情境。问题情境指教师有目的、有意识地创设的各种情境，以促使学生去质疑问题、探索求解，即在教材内容和学生求知心理之间制造一种"不协调"，把学生引入一种与问题有关的情境的过程。这个过程也就是"不协调—探究—深思—发现—解决问题"的过程。

创设问题情境是培养学生解决问题能力的重要方法和有力手段。因此在英语教学过程中，教师应该根据不同的教学内容，创设不同的问题情境，来达到培养学生解决问题能力的目标。

俗话说，好的开头是成功的一半。在上课开始就能吸引学生的注意力和兴趣，使他们产生强烈的好奇心和求知欲，教学往往会达到事半功倍的效果，所以课堂引入是相当关键的。学生在上课伊始往往还没有从课间休息的兴奋中进入上课状态，如何在最短的时间内吸引学生的注意力，尽快调整学生的心态是十分重要的。大部分教师习惯在上课前提一些关于上次课学过的旧知识的问题，一来可以检测学生回家是否复习了，二来不会让学生觉得难度大，不至于在一开始上课就听得一头雾水，失去听课兴趣。孔子说："温故而知新。"学生只有掌握好了旧知识，才会更有兴趣学习新知识。

需要重视的是，创设问题情境前教师应当深思熟虑，而且随着课堂的推进，学生会不时产生新的想法或从新角度提问，这需要教师有较强的应变能力，善于顺着学生的思维引导学生，更好地达到或超出预期的教学效果。例如，在教学时态时，教师首先要向学生展示不同时间的各种活动或动作，向学生提问，答案会运用到一般现在时、一般过去时、现在进行时、一般将来时等，学生可能会有各种各样的错误回答，那么教师就先让学生之间互相指出错误之处，然后再给学生提示，引导学生回答出正确答案。学生可能会用不同的方法来表达同一个意思，教师都应表示支持和肯定。接着教师要总结出各种时态中比较常见的时间状语，让学生用这些时间状语造句，然后请学生自己归纳一些时态的一般规律，教师再做补充。最后教师可以请学生自己设计不同的时间或场景，让学生造句、翻译或编对话，互相讨论、交流，再把内容写下来，做一些修正，然后交给教师批改。这个过程比较费时间，而且设计习题也会耗费很多精力，但是这种以问题情境为主所创设的学习环境可以很好地激发学生的兴趣。因为所提问题和通过多媒体所创设的情境都与平常生活学习息息相关，学生比较容易理解，也就不会觉得时态晦涩难懂又无趣了。通过这种方式复习时态，学生印象深刻，也会收获很好的教学效果。

问题情境的创设给学生提供了有利条件，使学生在自然交流的情况下掌握相应的知识。应当注意的是，英语教学的主要目的是让学生学会运用英语，所以应该容忍交谈中可能犯的一些小错误，重要的是学生能自觉运用英语来思考、交流。因此，教师要鼓励学生多说、多用，没必要时刻提醒并纠正学生犯的错误，以免打击学生说英语的兴趣和自信心，只要大家能听得懂，能明白，就达到了交流和运用英语的目的。学生在日常交流中会自然地知道并改正自己的错误，因此，运用英语交流的关键是要让学生学会自主思维。

③故事情境。故事情境指教师有目的地引入或创设具有一定情绪色彩的、以形象为主体的生动具体的故事场景，引导学生进入故事情节，扮演其中主人翁的角色，进行探究和思索，引发积极思考，从而帮助学生理解教材，达到自主学习的教学目的。

情境的创设能始终抓住学生的注意力，还可以让学生对以前的经历和知识经验有更深的体会和感触，是语言知识在实际生活中的运用。因此，运用情境教学，学生自始至终积极性高涨，情绪饱满，句型掌握得很好，运用自如。

心理学家布鲁纳说:"学习的最好刺激是对所学材料的兴趣。"创设故事情境的目的正是为了激起学生的学习兴趣,所以,故事情境的创设必须要贴近学生的生活和兴趣,教师必须要根据不同的年龄段来创设,否则故事可能没有吸引学生而起了反作用,直接影响后面课程内容的讲授。

④活动情境。活动情境指教师通过开展各种活动引导学生主动思考、交流,灵活运用所学知识,拓展学生思路,改善课堂氛围,培养学生协作学习能力,以充分调动学生的学习主动性。这些活动包括游戏、对话、短剧、英文歌曲、配音、演讲、写作等。活动情境既是一种竞争,也是一种合作,合作与竞争相辅相成,才能发挥学生学习的积极性,同时促使学生之间相互团结、分工合作,增强集体荣誉感,充分发挥学生的主体作用。

2. 协作:语言教学的有效方法

(1)英语教学中的协作。协作学习是一种以学生为中心、以小组为形式,为了共同的学习目标而共同学习、互相促进、共同提高的一种学习方式和教学策略,它在强调完成学习任务的同时,需要培养小组成员个人的协作能力。在协作学习过程中,教师起着督导的作用,协作小组则以相互合作、共事的态度共享信息与资源,共同担负学习任务,而学习者在其中既有一定的相对独立性,又和其他组员相互协作,以便完成学习任务。这种协作活动有利于发展学习者个体的思维能力,增强学习者个体之间的沟通能力,以及对学习者个体之间差异的包容能力。建构主义认为,学习不是学习者被动地接受知识的过程,而是积极建构知识的过程。

英语教学中的协作包含三个方面:"倾听",即无条件、全身心地倾听对方的意见和感受;"交谈",即让所有人都能够畅所欲言,表达自己的心声;"沟通",即真正理解各方的立场和看法,在对话中形成共识的行动方案。英语教学中的协作是发展学生自主性的需要,是提高学生英语整体素质的需要,也是发展学生思维、情感的需要。人的自主性是在活动中得以表现的,是个人对于自己活动的支配和控制的权利和能力。在英语教学中运用协作学习为学生的自主性发展提供了适宜的发展空间。心理学研究表明,人的素质主要是在活动中形成的,活动结构决定了人的素质结构,而人的素质水平则取决于个体参与活动的主观能动性。因此,要发展学生的英语整体素质,就必须建立一个较为完整的教学活动体系。在这个教学体系中,协作学习可以让学生参与各种类型的交往活动,融合到群体中,通过各种途径与协作伙伴用英语进行交流,满足他们与同龄人交往的需求,也是在这种活动和交往中,学生才有更多的机会进行语言操练。恰当运用协作教学模式教学才能使学生被吸引，使他们"乐于学—学得好—更乐于学"，形成协作学习的良性循环。皮亚杰指出，协作学习在认知发展建构中是一种主要的方式。英语教学中的协作教学模式是根据学生的知识结构、能力水平、学习进度、个性特点等混合分成若干小组，通过同伴教学、游戏竞赛、小组辅助个体和共同学习等方式完成学习任务、解决实际问题，达到共同提高的目的。在协作学习环境中，教师和学生面对的是相同的学习环境，对教师而言，其主要任务是引导学生进行学习，解答学生提出的问题，引导学生保持正确的学习方向；对学生而言，要由传统的信息接收者转变为信息的生产者和传递者，要紧紧地围绕课堂话题进行语言活动。教师要帮助学生建立起协作学习小组，比如以小班形式进行教学，所以在排座位时要有意识地安排好，方便学生进行小组协作活动，也可以根据课堂内容的不同适时调整座位，摆成有利于小组或集体讨论交流的"组团式"或"圆桌式"。协作学习中要有一定的评价机制，主要以集体奖励为主，以鼓励小组之间进行的良性竞争。

　　总之，协作学习在帮助提高学生的听力水平和口语会话水平、锻炼学生阅读理解能力和写作能力方面起着重要作用。教师在协作教学中既是学生学习活动的参与者，又要充当学习活动的组织者、引导者和评价者。

　　（2）协作模式的设计。协作学习模式是指采用协作学习组织形式促进学生对知识的理解与掌握的过程，通常由四个基本要素组成，即协作小组、成员、辅导教师和协作学习环境。

　　在英语教学中，教师可以在课后让学生进行电影配音表演，以这种协作学习模式来帮助学生巩固所学知识，培养和锻炼学生的综合能力。要想配音做得好，就需要反复商讨、练习、磨合，才能做出自己最满意的效果。进行电影配音表演不但可以训练学生的协作学习能力，而且能帮助学生学习地道的英语，并把课堂中所学的知识很好地发挥出来，一旦熟练后便会记忆深刻，在今后会自然而然地表达出来。在这整个过程中，学生是完全的学习主体，能主动学习，且学习兴趣高涨，知识与实践的结合加深了学生的印象，收获了很好的学习效果。

　　（3）协作过程与协作策略的设计。英语教学中协作过程与协作策略的设计主要包括提出探究性问题、教师和学生的主要活动、协作解决问题的方法、讨论和判断、总结评价等方面。在协作学习中，主要由教师提出问题，组织并引导学生在个人自主学习的基础上开展小组讨论、协商，进一步完善和深化对主题的意义建构。

英语协作模式教学为学生的意义建构创设了必要的情境，又为"协作"与"会话"提供了充分的条件。

3.会话：语言学习的本征

（1）会话是语言发展之源。语言的社会功能决定了语言研究必须要考虑社会因素对语言的影响。人只有把语言置于动态的社会之中才能揭示语言的动态本质。语言因为人们的交际而出现、存在并发展。美国语言哲学家格赖斯在其提出的合作原则中指出，在所有的语言交际活动中，为了达到特定的目标，说话人和听话人之间存在着一种默契，即每一个交谈参与者在整个交谈过程中所说的话应符合这一次交谈的目标或方向。该理论探讨在具体的语言环境下分析语言，接受话语的言外之意。

英语会话作为一种自然语言，应该具备这四条准则，否则会引发歧义或偏差，或者达不到交流的目的。

会话是语言发展的根本，是言语交际的关键。言语交际行为一个很重要的方面就是在交际的过程中会话总是和交际意图分不开的。如果会话达不到交流的目的，总是答非所问，或不能理解话语的言外之意，是难以与人沟通、相互理解的。会话双方只有在某种程度上达成一个共同目标，才能继续交流，才是有意义的会话。

在英语教学中，教师应该引导学生去领会会话中的意思，而不仅仅是字面意思，这样才有利于学生在理解中学习、掌握新知识。

掌握这些会话准则可以帮助学生明白字里行间的深层意思，而不仅仅是停留在单词和句子的表面。要理解和把握会话的意思，就需要在自然环境中不断练习、磨合，从而实现有效交流，形成有意义的会话。

（2）会话是语言学习的起点。语言心理学认为，学习语言的能力是人类的生物特征之一，是人类大脑的特有机制。建构主义为语言会话提供了重要的传输方式，这并不是说建构主义是一个新的观点，而是随着我们必须要处理的信息量的日益增多以及技术的发展所提供的新机遇的不断增加，促使我们重新审视建构主义。语言学习是有相通点的，就像没有一个孩子是先学汉语拼音才学说话一样，我们学习英语也应该首先从会话开始。从最开始的观望者到后来的参与者，不仅是对会话能力的锻炼，更是对勇气和信心的培养和锻炼。

（3）会话是语言学习的目的。语言学习的最终目的是运用，语言的运用主要体现在口语表达的交际。学习语言如果不经常运用会很快遗忘。

（4）会话是语言实践的基本方式。任何一种能力的培养和学习都是需要兴趣来支撑的。以汉语为母语的我们在说汉语时几乎不用思考就可以脱口而出进行交流，表达自己的意思。我们在牙牙学语的时候不会觉得很累，自然而然就会想说、想模仿，语言能力就是通过会话逐渐形成并加强的。我们从幼儿开始学习会话，一辈子都在口语交际中，口语的丰富、深刻、敏锐、美妙，必须建立在开启个人生活体验的基石之上。我们生活在社会这个群体中，要想与人自由交流，会话是基本方式，也只有通过会话才能更好地表达自己的意思，使自己更顺利、更快、更好地融入这个大集体中。英语会话能力的培养即是英语口语能力的训练，口语能力是语言学习的重要组成部分，恰当地运用英语表达是传递信息和交流信息的重要途径。帮助学生根据话题进行情景会话，用英语表演短剧，在口语活动中语音语调自然、语气恰当是会话能力锻炼的重点，也是语言实践活动的关键。

会话是语言实践的基本方式。英语口语和会话能力的锻炼要听说结合，而不能单一训练。输入是输出的基础，听就是良好的语言输入。学生只有在听与说交互的环境中，才能得到充分锻炼和提高。在课堂会话活动中，教师是积极的参与者，更是活动的组织者和管理者，教师通过组织和引导能激发学生的学习兴趣，鼓励他们树立自信，增强会话活动的互动意识，提升会话活动的质量。在会话过程中教师要注重语言的内化，即帮助学生将所学的知识做出本能的反应，用丰富的词汇、句型和正确的语言结构进行表达，提高学生对语言运用的整合能力。在会话活动中，教师要重视过程性评价，促使学生在会话学习过程中自我鉴定，帮助学生及时调整和提升，充分调动学生的主观能动性，发挥学生的主体作用。教师在平时的教学实践中要贯穿教学新理念，激发学生的学习积极性，鼓励学生多讲、多练，并通过多种途径加强积累，丰富学生的学习和生活阅历，通过跨文化比较学习提高语言的实用性，提高学生的口语会话能力和实践价值。

4.意义建构：语言学习的真谛

（1）意义建构"练就"听说。英语听力教学中经常出现对话或短文中没有的生词学生难以理解的情况，教师通常的应对策略就是语法分析、释义。这些方法有时能够奏效，但许多情况下难解学生之惑，原因在于在传统的英语教学模式中，教师在很大程度上依赖教科书，忽视目标语国家文化背景知识的传授，所以学生无法正确理解所听的信息。因此，应该拓展学生的知识面，指导学生多听英语广播、录音并多做模仿，使学生领会这些现实的自然交流，使语境内在化。这样，学生才有可能成为意义的主动建构者，用探索法、发现法建构知识的意义，主动搜集并分析有关的信息和资料。教师要成为学生建构意义的帮助者，要激发学生的学习兴趣，帮助学生形成学习动机，通过创设符合教学内容要求的情境和提示新旧知识之间联系的线索，帮助学生建构当前所学知识的体系，并在可能的条件下组织学生进行协作学习、开展讨论与交流，并对协作学习过程进行引导，使之朝着有利于意义建构的方向发展。

（2）意义建构"实现"阅读。建构主义学习理论认为，学习是学习者通过"同化"和"顺应"两种方式建构知识结构的过程。"同化"是学习者把外在信息纳入已有的认知结构，丰富和完善原有的认知结构（也称"图式"）的过程；"顺应"是指学习者在原有的认知结构与外在信息发生冲突时，主动调整和重组原有认知结构的过程。阅读是人们获取知识的主要途径，也是英语学习的主要任务之一。阅读理解能力的高低直接影响和制约着一个人的听、说、读、写等能力的发展。在阅读时，读者不是单纯被动地接收信息，而是将从文本中得到的语义和句法信息，根据有关话题的个人经验和知识，形成关于他们对正在阅读的或将要阅读的材料的假设或期待；在继续阅读时，他们又努力证实或否定那些假设或期待，因而阅读的过程也是建构意义变化的过程，阅读的本质也正是建构意义。

在英语阅读教学中，教师应帮助学生总结各种阅读策略和技巧，在实际阅读中针对不同体裁的文章有计划、有目的地训练学生，运用阅读技巧把握段落主旨，建构文章主题，训练学生总结、概括和综合理解的能力。

我们大脑中存储的知识是由一个个单元构成的，这称为图式。简单而言，图式就是一种结构或者框架。对于英语内容的学习，大脑将主要信息按照一定的线索重新组合，形成了特定的文章组织结构，这种布局结构简明清晰，学生可以较容易地理清思路，方便理解和记忆，进而理解文章所要表达的主题及深层含义。在传统英语课堂中，教师注重对文章中零碎的词汇、句型和语言点的讲解，把课文分离开来，这样的教学不利于学生从整体上理解课文内容和把握文章结构，难以取得有效的教学效果。而利用图式可以帮助学生将知识元素按其内在关联性建构成一种可视语义网络，加深学生对文章内容的理解程度。

学生对文章的理解不仅仅包括词汇和句式，还包括对文章整体的理解。

每个人都存在理解程度和理解角度上的差异，无论是教师还是学生，我们应该承认这种差异的存在。我们平时所说的文章的意义，其实就是阅读者对于文章的自己的理解。

（3）意义建构"赋予"写作。英语写作这门实践性很强的课程可以有效地在建构主义学习环境中推动学生的认知发展。建构主义认为，教育要丰富个人的经验，其意义必须对个人的生活是重要的。从写作教学活动看，教师本人与其所教对象是难以分开的，教师与学生、学生与学生之间需要共同针对某些问题进行探索，并在探索的过程中相互交流和质疑，了解彼此的想法。由于经验、背景差异是不可避免，学习者对问题的看法和理解经常是千差万别的。其实，在学生的共同体中，这些差异本身是一种宝贵的现象资源。建构主义虽然非常重视个体的自我发展，但是也重视教师的影响作用。

我们一直强调写作的重要性，但写作能力并非是经过一时的训练就可获得的。专门的写作时间或者写作课程对于写作能力的提升效果是有限的。因此教师需要在平时的教学中不断地引导学生，不断地渗透写作教育，引导学生在平时的生活中注意观察和记录自己的感想，这样在写作的时候才不会觉得没有内容可写，也就不会出现语法和句式混乱的问题，学生的写作能力在潜移默化中发生了巨大改变。

教师要经常利用教材提供的写作训练内容，结合教学实际让学生动笔写作，养成良好的写作习惯后，学生就能顺利地掌握写作技能，在今后的考试或实际生活中才能理解并灵活运用，不会再觉得写作是件苦差事。在建构主义情境中，写作过程是一种积极主动的完成意义建构的过程，是用语言探索知识、了解世界、互相交流的过程。教师可以通过展示与某一写作主题有关的丰富知识的情境，使学生产生兴趣，进而激发学生求知探索的内在动机，自觉主动地完成写作任务。学生是教学活动的积极参与者和积极建构者，而教师是意义建构的帮助者和促进者。教师利用情境、协作、会话等学习环境要素充分发挥学生的主动性、积极性，使学生有效地实现对当前所学知识的意义建构的目的。英语写作是一种发现意义并创造意义的循环式过程，此过程一般包括准备、初稿、反馈、修改、定稿五个阶段。

综上所述，建构主义学习理论在中学英语课堂教学中起着举足轻重的作用。教师如果能恰当把握、合理运用，将会极大地提高英语课堂教学效果，帮助学生取得更好的英语学习成绩。建构主义学习理论是教育教学中的热门理论。它强调学习过程中学习者的主体性和建构性，提倡在教师指导下以学生为中心的学习方法，对教师建立教学新模式、采用新方法具有很好的指导作用。我们积极利用现代教育技术的教学优势，使教育理论、教育技术、教学实践等有机结合，对深化教学改革具有深远意义，建构主义学习理论环境对培育优秀的具有综合能力的国际型人才有积极作用。

第四节 基于跨文化交际的高校英语教学模式探索要求

一、建立健全的跨文化交际能力培养的认知体系

所谓跨文化交际能力培养的认知体系，主要涉及教学理念、教学目标和教学原则等内容。由此，我们可以从以下几个方面入手：其一，树立正确的教学观念，以全新的教学理念、明确的教学思路促进跨文化教学工作的发展，实现教师主体对跨文化认知能力的提高，并且以积极的心态投入到跨文化交际英语教学模式探索过程中。其二，以培养跨文化交际能力为英语人才培养的目标，切实发挥英语的社会作用，以顺应社会现实对英语教育的需求，实现教学目标体系的调整和改善。其三，合理处理好跨文化教学体系中各个主体的关系，主要涉及本土文化和英语文化、英语功能性和文化性、语言教学与文化教学等方面。其四，以跨文化交际英语教学模式的特点为基础，确定大学英语跨文化教学的原则，如坚持以人为本、实现多层次合作、循序渐进、倡导体验教学、因材施教等方面的原则，这应该成为贯穿整个跨文化英语教学工作的重点和难点。

二、注重英语跨文化教学师资结构的升级和优化

针对目前高校跨文化师资力量不足的情况，我们应该积极采取有效的措施进行改善，为跨文化教学工作的开展提供坚实的人力资源基础。具体来讲，我们需要做好以下几方面的工作：首先，注重高校教师招聘和选拔机制的健全，优先将有国外生活经验、留学经验、贸易经验的教师纳入自身师资队伍中去，为后期跨文化教学工作的开展打下坚实的基础；其次，高度重视对现任职教师的培训和教育，积极将跨文化理论、发展历史、特点纳入教师培训过程中，实现教师对于跨文化教学的深度认识，并且在参与培训的过程中，

不断锻炼自身跨文化教学能力；最后，积极聘请有经验的外教，加大外教课程比重，实现学生与外国教师的直接交流，以便更好地理解彼此文化差异，并且带着这样的文化差异进行各项跨文化交际教学，使其慢慢成为跨文化交际大学英语教学模式体系的重要组成部分。

三、积极开展跨文化交际大学英语教学模式理论研究

我国在跨文化交际大学英语教学模式理论研究方面本就落后于其他国家，因此更应该积极紧跟步伐，不断开展理论探究，以填补我国跨文化英语教学模式的理论空白。具体而言，主要涉及以下几个方面的工作：其一，积极针对跨文化交际大学英语教学模式设立项目，组建专业的研究小组，结合实际问题，进行大量的研究和调查，实现健全的自身跨文化英语教学模式理论体系；其二，对于国外先进的理论和实践经验进行积极总结和归纳，以比较的方法找到各自理论的优缺点，再结合我国高校英语教学模式的现状，找到能够切实运用于我国跨文化大学英语教学的策略；其三，积极迎合人才市场对于人才需求的情况，对跨文化交际大学英语教学模式进行研究，形成理论与实践充分结合并且健全有效的教学模式动态化机制，为进行更好的跨文化交际大学英语教学模式理论探索打下坚实基础。

四、积极引导学生接触跨文化交际大学英语教学模式

作为教学过程中的重要参与者，学生应该成为跨文化交际大学英语教学模式的主体。教师在进行此种教学模式探索的过程中，应该高度重视学生的主观能动性，积极鼓励其参与进来，以实现教学模式体系的建构。详细来讲，我们可以从如下几个方面入手：其一，积极鼓励学生与跨文化媒体接触，为了解中西方文化差异创设良好的外语环境，以此营造一种比较原始的英语文化氛围；其二，积极以文化情境的教学方式，将情感教育纳入跨文化交际大学英语教学过程中，不断培养学生的跨文化意识和兴趣，以此内化成学生自主接触跨文化知识的动力；其三，注重对学生自主学习能力的培养，以问题设置、课外探索的方式实现学生自主学习精神的培养，以便形成良好的跨文化学习习惯，保证学生自觉地接触跨文化教学，为开展跨文化教学工作打下坚实的基础。

第五章 跨文化背景下高校英语教学内容

第一节 跨文化翻转课堂教学

随着当今社会对能够参与国际事务,进行国际交流的人才需求越来越大,跨文化交际能力培养在高等教育中的重要性日渐凸显。然而受制于诸多因素,跨文化交际课程教学的开展困难重重。所幸,翻转课堂教学模式的引入为问题的解决提供了思路。组织跨文化交际翻转课堂教学需从自主学习资源建设与学习任务设计两方面着手。

纵观我国近20年的高校英语教学历史,以培养学生的英语语言知识为目标的通用英语课程长期占据着高校英语课程建设的核心地位,跨文化类课程的建设却始终得不到应有的重视。然而,在国门开放,中西跨文化活动日益频繁的今天,越来越多的高校英语教学工作者、英语学习者意识到高校英语教学绝不应仅仅拘泥于词汇、语法、句法等的教学,因为这种纯粹的、"唯语言"的教学并不能实现学习者对西方历史、社会、习俗、礼仪等文化信息的了解,提升学生对中西文化差异的认知水平,更不能促进学习者跨越中西文化差异的障碍,准确、得体、顺利地开展跨文化活动。跨文化交际能力的培养应成为高等教育,特别是高校英语教学中的重要内容。

为了凸显跨文化交际教学在高校英语教学中的重要地位,2015年教育部组织专家编写的《高校英语教学指南》(以下简称《指南》)(讨论稿)明确指出"各高校应开设跨文化交际课程,培养学生的跨文化意识,提高学生的跨文化交际能力"。

《指南》出台以来,国内高校纷纷响应号召,围绕高校英语跨文化交际类课程教学进行研究与实践。然而,受到传统高校英语教学方式的影响,很多高校在进行跨文化交际教学设计时仍旧沿用原有的英语课程的教学形式。受制于跨文化交际课程教学的复杂特性,这种老瓶装新酒的教学产生的效果并不理想。

一、跨文化交际教学的特性及其对教学改革设置的挑战

（一）文化教学内容复杂多变

文化教学是跨文化交际教学的重要组成部分。从美学、社会、语用等不同层面来看，文化涉及文学、历史、风俗习惯、价值观、礼仪、社交技巧等诸多要素。各要素错综交融，纷繁复杂。故而以传统的教学方式很难在课上有限的课时内，通过教师蜻蜓点水式的讲授实现学生对西方文化深入、系统的了解。

此外，随着科技、社会的发展，各国人民的价值观、风俗习惯、社会规约等都在不断发生变化，因此文化是动态发展的。有鉴于此，就目前还没有一种出版教材能够真实反映最新的西方文化趋势和信息，真正满足文化教学的实际需求。

（二）提高跨文化能力需要思维训练

文秋芳教授将跨文化交际能力划分为交际能力和跨文化能力。其中跨文化能力包括对文化差异的敏感性、宽容性和灵活性。而想要培养学生的跨文化能力，就要在思想层面提升学生的跨文化意识，使其在跨文化交流中对中西文化差异形成高度的敏感与深刻的洞察力。更为重要的是要引导和训练学生形成求异思维、批判性思维，以及移情能力，使学生能够客观、理智地去看待异域文化，并站在异域文化成员的角度去理解其思想与情感状态，进而达成共鸣，实现顺畅沟通与有效交流。

以上所述的意识培养与思维训练需要教师投入大量的时间，深入了解不同学生的跨文化意识与思维能力现状，并有针对性地给予指导与帮助。而这在课时有限、大班授课、教师主讲的传统高校英语课上是很难实现的。

（三）交际能力的提升需要大量实践机会

依据文秋芳教授的跨文化交际能力模式理论，交际能力是跨文化交际能力的重要构成部分。交际能力包括语言能力、语用能力和语言策略能力。在打磨这些能力的过程中，不论是训练学生恰当地遣词造句，准确表达自己，还是锻炼学生根据不同的语用情境，选取适宜的话语结构，成功表明自己的交际意图，都应该给予学生大量的情景化语言训练机会。然而，在有教师参

与的有限的课堂教学时间内，文化知识教学，语言策略讲解等均占据着大量时间，难以保证学生大范围的交际实战训练。

通过上述分析可见，如果直接套用传统的高校英语课程的教学模式来开展跨文化交际课程教学，肯定是"此路不通"。要解决以上问题，有效开展高校英语跨文化交际课程教学，可引入近年来在我国高等教育界日渐风靡的翻转课堂教学模式。

二、将翻转课堂教学模式引入跨文化交际课程教学的可行性

翻转课堂（flipped classroom），以布鲁姆的掌握学习理论为基础，翻转了传统教学模式中课上学知识（信息传递）与课下做练习（知识内化）两个阶段。学生在课前基于网络学习平台，通过观看微课视频、阅读文本材料，以及与教师和同学在线互动交流等方式，完成基础知识的学习。在课上教学中，教师指导学生自主或合作完成多种多样的拓展语言训练任务，才能实现语言知识的内化与交际能力的提升。应用翻转课堂教学模式，可在以下三方面高效满足高校英语跨文化交际课程教学的需求。

（一）课时安排方面

在跨文化交际教学中，无论是文化知识的学习、文化差异敏感度与跨文化意识的培养，还是跨文化与交际能力的训练都要占用大量时间，需要大幅度增加课时，这与当前高校英语课时日渐缩减的现实产生了冲突和矛盾。然而，应用翻转课堂教学模式，学生的课外网络自主学习在教师的在线实时指导、监督与管控下，在严格的考核评价方式的激励下有序、有效进行，才能真正使课外学习被纳入整个教学体系中来，进而极大地扩充了课时量，满足了跨文化交际教学的需求。

（二）教师个性化指导下的思维能力训练方面

跨文化交际教学需要为学生创设大量的思维与能力训练机会，并需要教师在学生的训练中给予个性化的反馈、协助与指导。应用翻转课堂教学模式，将基础知识的学习被置于课外进行，课上更多的时间则留给技能训练。这无疑为学生的跨文化交际思维与能力训练，以及师生的交流与沟通提供了大量机会。此外，在课外学习中，网络学习平台的使用，以及各类移动社交媒体的引入，使得师生的一对一实时互动交流成为现实，从而为教师指导下的语

言训练开辟了新的场所。

三、翻转课堂教学模式在跨文化交际课程教学中的应用

根据翻转课堂教学的驱动者 Bergmann 和 Sams 的论述，翻转课堂教学模式的建构和实施与一系列要素密切相关，其中较为关键的有自主学习资源与学习任务。据此论述，构建适应高校英语跨文化交际课程教学的翻转课堂教学模式，需从这两方面着力。

建设适应跨文化交际课程的自主学习资源。在跨文化交际翻转课堂教学中，自主学习资源包括与文化知识、交际策略相关的视频、音频、文本、PPT 等多种形式的学习材料。在建设自主学习资源时，教师除了要把握前文所述的主题丰富、信息实时更新等原则外，还应遵循以下原则：

启发性原则。文化复杂多变，但教师所能搜集和提供的文化自主学习材料有限，并不能完全满足学生全面、深入、动态地了解西方文化的需求。故在建设自主学习资源时，教师应把握启发性原则，使自主学习资源能够触动和启发学生针对相关文化领域开展自主探究与深入挖掘，激发其通过自主搜集和学习相关材料，开拓文化视野。

文化的复杂性和多变性，决定了跨文化交际教学的教学材料必定主题丰富、涉猎庞杂且实时更新。这在翻转课堂教学中是易于实现的。在应用翻转课堂教学模式开展跨文化交际教学时，教师可以利用技术手段为学生的课前学习提供内容丰富、形式多样、与时俱进的在线学习材料。如教师可根据不同文化主题，结合最新资讯录制微课视频、引入国外最新媒体与影视视频材料、节选国际 MOOC 视频、摘用国外近期电子报纸杂志文章等方式。此外学生也可结合不同文化学习主题，借助互联网搜集大量的文化学习材料。

多样性原则既指自主学习资源的来源可多样化，广集教师自制、国际知名 MOOC 引进、学生根据主题和兴趣自选等众多渠道，也指自主学习资源的内容应涉猎文化知识、跨文化交际技巧、话语策略等多个方面，进而全方位地为学生的跨文化能力与交际能力的提升提供充足的知识基础。

学习任务是贯穿整个翻转课堂教学的主线，是实现英语学习以学生为主体，促使其在"做中学"的过程中提升文化知识水平和跨文化交际能力的关键。适应跨文化交际翻转课堂教学的任务设计一方面需能够有效激发学生的学习动机，强化学生的探究兴趣与参与意识；另一方面要利于促进学生的文

化知识学习、跨文化意识培养，以及对跨文化交际技巧与策略的应用。要满足这两大任务设计要求，可从以下两方面着手：

多样性原则。ARCS 模型是由美国学者 Keller 教授（1983）提出的旨在通过教学设计激发与调动学生学习动机的模型。依据 ARCS 理论，影响学生学习动机的有四个主要因素，即注意（Attention）、关联（Relevance）、信心（Confidence）和满足（Satisfaction）。"注意"指教学设计要能够引起学习者的注意，激发学习者的学习兴趣和好奇心。"关联"是指教学设计应使学习者发现新的学习任务与已有知识、学习经历或生活经验之间的联系。"信心"是指要让学生感觉到自己有能力完成任务，相信自己能够取得成功。"满足"是指学生通过完成任务获取成功并得到成就感。基于这四个要素，可生成以下任务设计原则，保证跨文化交际翻转教学的任务设计有效激发学生的学习动机：

引发注意原则。在跨文化交际翻转教学中，为了有效调动学生参与任务、完成任务的兴趣，设计的学习任务应具备趣味性、多样性、启发性等特点，以引起学生的注意，激发学生的探究欲。

关联成链原则。依据 ARCS 理论的关联要素理论，在设计学习任务时，应增强各任务间的关联性，使学生所面对的每一个新的任务与上一个任务相承接。使得各个任务环环相扣，构成任务链，贯穿每一个学习周期，促进学生为了下一阶段学习的有效开展，努力完成现阶段的任务。同时使学生基于上阶段的学习成果进行本阶段学习，进而增强学生完成本阶段任务的信心。

难度纵向递增原则。依据 ARCS 模型的信息和满意要素理论，在设计学习任务时应确保任务难度适中，既具有挑战性，又能使学生通过努力研究和执着探索可以获取成功，从而使学生在完成任务前具备能够成功的信心，在经过不懈努力完成挑战后，获取极大的成就感。对于任务难度的把控应遵循难度纵向递增原则，保证在每节课前、课上和课后的完整学习过程中，随着学生相关知识的不断增长，任务链上的各项任务难度逐一递增，以保证任务的动态难度适中。

以学生的跨文化知识与能力发展为导向创新任务形式。为了促成学生的跨文化知识水平、跨文化交际能力水平的提升，可创新任务形式，有针对性地引入适合跨文化交际教学的新型任务。

文化项目研究任务。西方文化渊博，教师选择传授的文化知识只是沧海一粟。学生的文化学习如果仅止于此，那么他们将只窥一斑，不见全貌。有鉴于此，在跨文化交际翻转课堂教学中，教师可引入文化项目研究任务。课前引导学生结成项目研究小组，围绕不同的文化主题项目，开展合作研究，使学生通过自主查阅和学习大量文化材料，整理和加工文化信息，研究和分析文化特征，深化对相关文化领域的有力把控。课上指导各项目研究小组就研究成果进行汇报，一方面推动汇报小组成员在梳理和提炼相关文化信息的过程中，不断将知识内化于心；另一方面促成各小组间的文化信息共享，实现学生文化视野的全面扩展。

案例分析任务。跨文化交际教学的一个重要目标就是培养学生的文化敏感度与跨文化意识，使学生在跨文化交际中，能够突破母语文化的交际范式，结合自己的意图与交际文化环境，正确选择交际策略与语言，实现得体、恰当的交际。为了达成这一目标，在课前学习中，教师可以引入大量视频形式的跨文化交际案例，使学生接触和熟悉跨文化交际实例，培养其跨文化敏感度。在课上教学中，教师可组织不同小组进行案例分析，并给予指导性反馈与点评。案例教学旨在引导学生运用所学跨文化交际的知识与技巧，进行开放性的思考和分析，从而有效提升学生的知识与技能应用能力。

情景交际任务。交际能力的训练是跨文化交际教学的主要任务之一。在跨文化翻转课堂教学中，可依照翻转课堂"课前传递信息，课上内化知识"的教学流程，在课前发布相关交际技巧、语言策略的视频学习资源，引导学生了解跨文化交际中涉及的语言、语用知识。在课上教学中，教师可应用多媒体设备模拟创设各种情景交际环境，组织学生以小组为单位，进行多情景交际练习，促进学生在仿真交际情景中，能够应用课前所学交际技巧与策略，进行跨文化交际实践训练，以精进其交际技能，加强其跨文化交际能力。

第二节　文化自信与跨文化英语教学

经济全球化背景下，对英语人才培养提出了更高的要求。值得注意的是，近年来高校在英语人才培养活动中，过于将教学模式"西化"，极大程度上冲击了学生的文化自信，不利于学生本土文化自信与文化自觉的培养，这就要求我们应该立足于文化自信视域方面，对高校英语教学模式进行优化。本研究将对文化自信概念做简单介绍，分析文化自信视域下高校英语跨文化教学现状，提出文化自信视域下优化跨文化教学模式的路径。

文化自信作为近年来主要文化课题，要求学校教育以此为出发点，在教学教育活动中帮助学生树立文化自信。特别是对于高校外语学习活动，学生在学习过程中需接触中西方文化，文化自信可能因此受到影响，这与高校英语人才目标完全背离，所以如何在英语教学活动中帮助学生树立文化自信，培养学生跨文化交际能力，成为值得思考的问题。因此，本节从文化自信视域角度出发，对高校英语跨文化教学模式构建研究，具有十分重要的意义。

一、文化自信基本概念解读

关于文化的概念，早在《易经》中便已提及："刚柔交错，天文也；文明以止，人文也。"主要用于描述人类对自然现象的认知与改造活动，彰显器用的同时也有一定意义。英文中的"culture"，则被理解为人类通过自身力量对自然物取得的成果。无论中西方哪种对文化的概念，均可发现实质为对人类意义与价值的追求。而在此基础上提出的文化自信，可被理解为一个民族、一个国家充分肯定与践行的文化价值。

二、文化自信视域下高校英语跨文化教学现状

"生产性双语现象"是近年来高校英语课程开展的重要理念，其主要指在英语教学活动中能够帮助学生在语言、文化等多个层面进行培养。然而从当前英语教学情况看，仍有较多教学不足情况，表现为多方面：首先在英语课程目标上，教学活动中无论在结构语言学、语法或交际语言学方面，均对语言技能给予重点关注，其意味着课程目标完全停留在教学型目标上，包括语言规则、语言知识等，而课程潜在教育性价值却被忽略，这便导致学生所学习的内容为语言基本功，而非利用外语看世界，东西方沟通能力可能会因此降低。其次，在高校英语课程内容上，目前英语教学活动中无论教学者还是学习者均存在沉浸于英美文化中的现象，"中国文化失语"问题突出，造成学生更倾向于英语国家文化，难以将本国文化对等、主动输出。尽管近年来国内各类考试如四级、六级，均设置汉译英题型，将中国社会发展、经济、政治、文化内容融入，以此平衡课程内部不同文化，但在课程实践活动中，无论教学内容还是教学形式，目的语文化仍是主流。最后，教学方法问题，如教学活动中，未能选择有效的方法帮助学生树立文化自信，学生跨文化交

际能力难以得到培养。

三、文化自信视域下高校英语跨文化教学模式构建路径

（一）课程目标优化

针对当前高校英语教学现状，首先应注意在课程目标上优化，尽管高校英语教学要求学生应习得新的语言，但为适应"文化强国"战略，教学目标设置应围绕中国文化。例如，教学活动中可将学生文化敏感性作为主要内容，主要增强学生文化敏感性，如部分课程学习中，包括英美文学、英美概况与影视欣赏等，教师需引导学生在了解西方文化的基础上，做好中西宗教信仰、价值观与风俗习惯对比，以此提升学生对中西方文化的认识。另外，为使学生跨文化交际能力得以提高，可考虑围绕课程目标在课程设置上优化，如跨文化交际学、国情语言学以及语用学等，这些在帮助学生习得语言中跨文化意识得到培养。

（二）课程内容优化

作为国际通用语言，英语学习不再局限于传统"mogolingual"英语单语模式上，更倾向于"multicultural"多文化、"multilingual"多语，此时可考虑借助英语学习实现中国文化"走出去"。教学活动开展中，应考虑将中国传统文化内容融入其中，包括语言文字、历史、建筑、文学、宗教、文学与学术思想等，鼓励学生在学习中主动对中西文化对比，且注意"扬弃能力"的提升，强化学生跨文化交际能力。

（三）教学活动优化

英语教学活动开展中，应注意在教学方法上优化，尤其是提升学生语言能力。如教学中引入第二课堂，如中西方常见禁忌语、谚语等，或开展关于西方节日的专题晚会以及其他欣赏原版电影、辩论赛等。教学活动的优化，不仅吸引学生参与到课堂活动中，而且同时有助于强化对中西方文化的理解。

文化自信是目前高校英语跨文化教学模式需长期关注的重点。实际教学活动中，应正确认识文化自信的基本概念，立足于当前跨文化教学活动中存在的问题，采取有效的优化措施，包括课程目标、课程内容与教学活动优化等，以推动高校英语跨文化教学模式更加完善。这样在跨文化教学模式的构建下，可帮助教师提高教学质量，同时对帮助学生提高跨文化交际能力、建

立文化自信均有积极意义。

第三节 产出导向法与跨文化英语教学

在英语教学中，不仅要关注英语语言体系的学习，而且还要注重培养学生的跨文化交际能力。英语教学的根本目的是将英语作为交际工具，完成双方的交际。以语言主观性视角探究基于产出导向法的高校英语教学模式，在此教学实践中，用输出驱动来推动语言输入，最后实现较高甚至更高质量的语言输出。教学实践证明，该教学模式能够促进学生的跨文化交际能力培养、个性化学习方法的形成和学生自主学习能力的发展，符合高校英语教学改革的要求。

现阶段，高校英语教学一直存在"费时低效""重知识、轻应用"的现象。虽然英语教学改革取得了巨大的成果，但很多教师仍采用"填鸭式"教学模式，忽略学生语言运用能力和交际能力的培养，导致学用不统一现象的产生，学生的语言知识与语言运用能力失衡，英语实际运用能力薄弱，从而导致很多学生经过多年的英语学习后，仍很难与外国人面对面交流。此教学模式下，学生的学习兴趣根本调动不起来，在课堂上也产生了被动学习的习惯，变得越来越懒惰，很少主动探索和思考，更不用提自主学习能力与探究能力的提高。根据《高校英语课程教学要求》，高校英语教学应该能促进学生的个性化学习和发展，并培养学生的自主学习能力，要使语言学习效果最优化。

一、语言的主观性与跨文化语用能力

国内语言学界目前普遍采用下述定义："'主观性'是指语言的这样一种特性，即在话语中多多少少总是含有说话人'自我'的表现成分。也就是说，说话人在说出一段话的同时表明自己对这段话的立场、态度和感情，从而在话语中留下自我的印记。"语言并非是一个静止的、封闭的、自给自足的系统，它会在使用过程中受到影响而发生动态的变化，在这种动态变化中获得创新与发展。随着人们认知的不断深入与丰富，语言系统本身、语言使用系统、人类的认知系统及概念系统会被不断扩充，在使用中产生新的内容，失去原有的客观意义，留下自我印记，形成新的概念，逐渐体现表明使用者立场、情感、态度或评价等自我因素的主观意义，同时也体现了人们在语言使用中的创新意识。

　　文化作为语言的载体也同样如此，一方面文化具有客观的、已有的、显现的和约定俗成的特征，另一方面还有着即时的、潜在的、主观的、个人的、情感的特性。如果只强调文化的客观属性，教学中就会缺少主观能动，教学内容与方法也会倾向于传授已有的文化事实，从而使知识的传授缺乏实际性和实践性。因此，在理解跨文化语用能力时，我们需要重视文化的主观属性，不仅要重视学生跨文化能力中的思维能力，在教学中除了要传授课本知识，让学生了解已有的文化事实和掌握一些已有的交际规约，还要引导学生去感受和体验现实的客观事物，设想自己亲身体验跨文化的场景，培养学生对社会客观现实问题有敏锐的观察与关注，并引导学生发挥自己的主观能动性，对其文化现象做出自己的主观理解与评判，进行换位或逆向思考，形成独立的分析与判断，构建出自己特有的跨文化语用知识体系及能力。

二、产出导向法

　　"产出导向法"是文秋芳教授继"输出驱动假设"和"输出驱动—输入促成假设"之后提出的针对我国成人外语学习的教学理论，主要包含三个核心环节：一是"驱动"环节，旨在激发学生完成任务的热情，提高学习英语的动力；二是"促成"环节，教师提供必要的输入材料，引导学生通过对听和读材料的选择和加工，获取完成任务所需的语言、内容、语篇结构等信息，促成产出任务的完成；三是"评价"环节。

三、产出导向法在跨文化教学实践中的运用

　　产出导向法的教学流程包括驱动、促成和评价这三个阶段，其中，教师起着中介的作用而非主导的作用。根据此三个阶段，以新视野高校英语（第二版）第二册第四单元 A Test of True Love 为例，笔者经过反复修改与完善，设计出了一个教学计划，对哈尔滨理工高校机械 2016 级 A2 班学生进行了 2 周的教学实验，每周 2 学时，班级人数为 45 人。

（一）教学主题

　　笔者以"真爱的考验"为主题，将爱情作为交际背景，一是学生对于这

一情景并不陌生，有利于教学的开展；二是本单元的选取既有利于提高学生的语言综合运用能力，又有利于增强学生的跨文化交际能力。

1. 驱动

不同于以往的传统教学，基于产出导入法的高校英语教学模式在本单元的开始就进行了产出的驱动。

2. 教师呈现交际场景

"教师呈现交际场景"是基于产出导入法的高校英语教学模式最具创意的部分。在学生学习本单元之前，教师就明确向学生介绍他们在今后的学习或工作中可能会遇到的交际场景和讨论话题，将之前在互联网上搜索到的其他院校学生拍摄的关于"真爱的考验"的小视频呈现给学生，从而让他们将自己置于这些情景当中，感受此情景的存在，并讨论在这些场景中所要讨论的话题及语言产出过程中可能遇到的困难。

3. 学生尝试完成交际活动

学生尝试完成的交际活动有两种：一是以小组为单位模仿不同的人物角色，并结合实际改编课文剧本，值得指出的是，在此过程中，学生应当在剧本中加入自己的情感、态度或想法等，使剧本带有主观性；二是小组成员可以根据故事场景绘画出简笔画，随后让其他组的学生看图描述故事场景。此任务中的文化点介绍、剧本的改编和角色的扮演等均属于语言使用范畴，都是为了完成语言输出，提高自己的跨文化交际能力。在此过程中，学生会亲身体验到，完成这样看似简单、平常的产出任务并不容易，平时排练过程中会遇到很多语法错误的句子或不会表达的句子等类似的尴尬。这就使他们对知识有一种渴望，产生了一种学习的压力和动力。

4. 教学目标

教学目标包括语言目的和跨文化交际目标。语言目标包括：（1）完成任务所需的基本词汇和短语表达，并能熟练地运用到日常交际对话中；（2）根据课文重点词汇完成与四级相关的翻译练习；（3）掌握多种猜词意的方法；（4）运用暗喻（metaphor）等修辞手法。值得指出的是，这些语言目标一定要能为交际目标服务。跨文化交际目标是培养学生的跨文化交际能力，具体表现为：一是培养自己的跨文化意识；二是能够将本民族文化和外来文化有机结合，有效地进行文化交流。

（二）促成

在此环节中，教师描述产出任务，依据产出导向法，不同于传统的教学方式，重新设计教学环节。笔者根据机械 A2 班学生的外语水平，对教材中原有的产出情景的难易程度做出了适当的调整，并根据学生本身外语水平的差异，列举了有区别性的产出任务，这样，不同水平的学生可以进行选择学习，充分发挥自己的优势、潜能。然后教师将大任务分成若干小任务，在上课前分配给学生，让学生的学习有的放矢，让学生带着任务去学习，来驱动输入性的听和读，教师分别完成教学环节中的各项设计任务。本单元的产出任务呈现方式分两种：一是以拍摄小视频的形式，学生的拍摄地点可以选择校园的任何角落，剧本可根据课文进行自由改编，旨在表达本单元主题；二是看图说话形式，笔者在网上搜索了关于《真爱的考验》的不同图片，要求学生只看图片，复述每一幅图的大意。在此过程中，学生要把握全文的大意，有意识地关注在产出任务时所需的重点的、有用的词汇以及短语和句子结构等。不管是哪种形式的产出任务，学生都会按照任务的要求，将自己的主观态度、情感或想法体现在自己的语言中，有利于提高自己的语言产出能力。

（三）学生产出

在本教学实验中，学生的产出活动主要以说为主，在教学过程中，开始于说，又以说为最终结果。值得关注的是，学生在产出之前，一定要有输入，输入主要跟阅读有关"真爱的考验"的文章以及观看关于"真爱的考验"的视频，利用相关的文本话题和相关情景实施产出活动，目的在于激发学习的动机或激活原有的知识。其"相关"不仅体现在内容上，而且还体现在价值上和态度上等，这样就将"说"和"读"有机地结合在一起了。此外，教师还可选取一些既与文本相关又具有潜在交际价值的信息。本教学实验中，学生可以采用口头报告或对话或拍摄成情景剧的形式输出所学知识，旨在驱动。但该阶段教师需要关注学生"说"的内容，一是确认学生的产出与本单元主题是否相关，如不相关，教师应提醒学生通过继续阅读文本纠正、补充其产出，这也体现了教师的指导作用。整个产出过程都是以学生为中心，在教师指导下进行的。

此外，课上阅读材料或课外资料或是接受听力材料，其目的都是完成产出任务。笔者所教班级分为 9 组，通过每组的表演可以看出学生在编写剧本过程中，做了大量的相关阅读，并将自己对课文的理解、观点和态度加入到了剧本当中，发挥了自己的主观能动性，可见，学生的积极参与是基于产出导向法教学的重心完成。

（四）评价

评价环节旨在通过评价学生的语言产出，使教师了解教学效果。此外，还可以帮助学生了解学习成果，进一步提高自己的产出质量。可见，评价环节促进了学生的学习，提高了学生学习的积极性与热情。

此环节学生需提交书面台词，还要在课堂上进行口头上的分组表演，在此之前，每位学生会有一份评分表，表演后，其余学生会为参加表演的同学打分。其后，教师会进行点评，旨在扬长避短，优点要借鉴，缺点要避免，以便更好地学习。值得指出的是，教师的评价不能一概而论，要有针对性和区别性。在试验过程中，笔者主要从五个方面进行评价：（1）本单元学到了什么？（2）认为自己的语言产出怎么样？（3）学习过程中遇到的困难是什么？（4）你认为此教学方法怎么样？（5）对教师有什么建议？

四、产出导向法的教学效果

在教学实验的过程中，产出导向法给课堂带来的效果并让师生的受益是笔者尝试过的其他教学法无法比拟的。

首先，产出导向法能够激发学生积极的情感体验，降低学生做任务时的紧张或焦虑情绪。具有驱动性的任务激发了学生的学习热情与积极性。在学生拍摄视频的过程中，学生利用真实的跨文化交际视频，创造自己想象出的交际情景，这样，使学生的语言产出任务更具交际价值，让学生感受到所学的知识能够真实、有效地应用到实践，从而增强了学习兴趣并能更加投入到今后的学习当中。学生经常会以"喜欢""相当有用""实用性很强""非常有趣""特有成就感"等词来评价此教学方法。

其次，产出导向法可以使学生获得更多实际操作使用语言的机会。在课上不是被动地去接受知识，而是积极主动学习，参与并认真完成产出任务，促进学生的接受性知识向产出性知识转化，学习的惰性也得到了有效的克服。在课堂中，教师可以通过灵活的手段创造更多的语言使用机会，向学生提供必要的视听材料及阅读材料，引导学生根据产出任务的驱动进行有选择性的学习，在此学习过程中，学生也将新学到的语言知识应用到实践。随着练习的增多，不仅学生的语言产出能力大大提高，而且其语言产出质量也大大提高，让学生感受到所学的知识与实际应用密切相关，增强了学习的动力和激情，真正体现了"学用一体"的教学理念。

再次，产出导向法提高了教师的教学能力。传统的教学依赖教材、以输入为主，产出导向法教学就是以产出作为驱动和教学目标，其关注的是如何有效地学习。在整个教学过程中，教师起着中介的作用，而非主导作用，其任务不是"满堂灌"，而是促进学生去有效地学习和检验、评价自身的学习效果，所以此教学法较传统的教学方法而言，对教学的要求更高，教学难度也更大，教师需突破已经固有的习惯性的学生被动地接受知识的教学模式，按照教学进程和不同学生的不同需求随时调整教学方式，在此过程中，教师受到了极大的挑战，教学中需要不断地创新，不断搜集与教学内容相关的输入资料，不断研究适合本单元教学的、独特新颖的语言产出任务，除了使用教材之外，还可通过互联网等资源设计对学生有用的或者学生感兴趣的话题。同时，还要不断提升自己的评价能力，从而提高教师的协调和组织能力、管理能力、引导能力、英语语言能力以及领导能力。

最后，产出导向法教学提高了学生的综合素养和思辨能力。学生通过互相合作的产出练习，不再像以前一样羞涩和为难，逐渐变得自信，勇于表达自己，展示自己，能够把得到的信息清楚地、有条理地讲出来。同时，学生还养成了合理安排时间完成任务的能力，提高了团队合作能力、交流能力、组织能力、信息选择能力和表达能力等等。在此过程中，产出导向法不仅可以督促学生积极地、有效地实行语言输入，以便更好地掌握语言知识，而且同时还能检验和复习巩固所学知识，提高自己的表达能力与思辨能力。

跨文化能力的培养是知识的传输与学习的双向过程，还是一个不断实践的、动态的过程。在外语教学中，应当利用有效可行的方法培养学生解决交际中遇到的问题的能力等。实践证明，语言主观性视角下的产出导向法能有效地安排教学，帮助学生整合学习任务，同时，还可以提高学生的跨文化素养，为培养学生跨文化能力提供更有效的支持。

第四节　跨文化英语教学中任务教学

语言是文化的载体，作为一门语言，英语兼具工具性和人文性的特点，英语本身就是以其为母语的国家文化的一个重要组成部分。伴随英语交际同时产生的还有不同习俗、不同思维方式、不同价值观的交流与碰撞。当今世界，文化交流日趋频繁，人们在彼此交往中误读对方文化而导致的冲突屡见不鲜。高校学生对英语的学习早已不仅只着眼于单词、语法等基础层面的理解与应用，而且更重要的是应对语言负载的文化有一定的了解，对母语及目的语的文化差异具有一定的敏感性，并进一步了解这种差异背后的原因，从而以包容、开放的心态从容应对跨文化交际中的种种问题。教育部 2017 年最新修订版《高校英语教学指南》指出：就人文性而言，高校英语课程的重要任务之一是进行跨文化教育，培养跨文化交际能力，为迎应全球化时代的挑战和机遇做好准备。跨文化交际能力的培养已成为高校英语教学的一个重点，但在实际教学中仍存在理论与实际脱节等问题。因此，笔者拟就任务教学法在跨文化交际教学中的应用进行讨论。

一、跨文化交际课程教学的现状及难点

跨文化交际课程开设的意义。高校开设跨文化交际课程意义重大。首先，它能帮助学生提高语言综合应用能力。目前高校跨文化交际课程多为英文教材，课堂授课以英文为主，同时教师会布置大量延伸阅读。该课程的学习对学生语言能力要求较高，学生在大量阅读中使语言能力得到较大提升。跨文化交际课程中的言语交际这一部分，直接在日常言语交际、文化负载词、习语、禁忌语、文化思维模式等方面进行中英文对比，一定程度上可以帮助学生进一步了解语言的特征，从而提高语言综合应用能力。其次，这一课程的开设有助于学生传承本国文化，增强民族自信。学生在对中外思维模式、价值观、世界观等全方位对比的过程中，对本国文化的特点及优势有更透彻、更客观的了解，有利于培养民族自信心，有利于民族文化的传承。最后，跨文化交际的学习能帮助学生拓展国际视野，了解他国文化，进而取长补短，养成批判性思维。这门课程的学习让学生学会客观、理性地看待全球多元文化，在跨文化交流中尽量避免预设立场的，不盲从、不自卑、不骄纵，塑造包容、开放的跨文化人格，提高跨文化交际能力。

跨文化交际课程的现状与难点。在全球多元文化互相交流、融合乃至冲突日盛的今天，跨文化交际是实践性与实用性很强的一门课程，但目前我国高校实际教学中仍存在一些问题。

（1）授课方式较为传统，学生参与度不高。

目前高校开设的跨文化交际课程，有时仍然采用以往的授课模式。部分时间由老师在台上讲授、灌输知识点，学生相对而言较为被动。在这种教学模式下，学生难有较多时间进行充分的讨论、分析与思考，而跨文化交际课程侧重的是引导学生在案例的讨论与学习中，总结、体会不同文化背景的人在言语、非言语模式，思维方式及价值观等方面的差异，以及这些差异产生的文化背景，进而站在更客观的角度克服跨文化交际中的障碍，提高自身跨文化交际能力。这就需要充分发挥学生的能动性，让学生积极主动地参与学习，而不仅仅只作一名被动的课堂听众。

（2）学生中存在对跨文化交际课程重要性认识的不足，认为课程不实用。

跨文化交际与听、说、读、写、译等语言技能类课程有所不同，侧重于中外文化差异的比较，属于文化拓展类课程，短期内对学生就业不会有太大帮助。部分学生可能认为这门课程不实用，对四六级考试及各类证书的考取并无帮助，因而学习起来敷衍了事。

（3）部分教材内容较为陈旧，难以引起学生共鸣。

文化是动态的，不会停滞不前。当前，全球化信息化步伐越来越快，一方面，不同文化在彼此接触、共处的过程中不可避免地相互影响，各自行为方式、礼仪习俗等发生变化。另一方面，青年学生与外界的交流机会日益增多，对外界的了解越来越多，曾经产生的某些文化误读可能随着彼此交流的扩大逐渐减少。但目前高校跨文化交际教材中的一些案例比较陈旧，甚至有些为 20 世纪 80 年代西方人与国人交流的案例，放在今天的时代背景下，难以引起学生共鸣，直接导致其缺乏学习兴趣。

（4）不少教师缺乏实际的跨文化交流经验，缺少相应的系统培训。

目前我国高校从事跨文化交际类课程的授课教师中有一些因条件所限，欠缺与不同文化背景的人交流的实际经验，也较少受过这方面的系统培训，在授课时局限于课本知识点和教材中的案例，难以进行较多的延伸与拓展，引导学生进行更深层次的讨论、思考与总结。

此外，教师在实际授课中可能还面临班容大、课时紧、内容多等问题，种种客观条件造成教师教学自由度不够，难以充分开展课堂活动，给予学生较多实践、思考的机会。

二、任务教学法的理论基础

语言学家 David Nunan 将任务语言教学中的任务定义为"学习者用目的语进行理解、操练、产出与互动的任一课堂活动，而且学习者主要关注的是意义而不是形式。任务应该具备完整性，本身就是一项交际行为"。Peter Skehan 对"任务"有五点定义：①以意义为主；②需要通过语言交际解决任务中的问题；③任务与真实世界的活动有相似之处；④首先需要完成任务；⑤需要根据结果对任务进行评估。从上述对"任务"的定义可以看出，作为任务教学法的中心，"任务"的建构围绕意义的表述展开，具有目的性、开放性、真实性、交际性等特点。任务的重点不在于语言技能的操练，而在于意义的表达，强调以学生为中心，而任务的完成需要有明确的结果。

在任务驱动型语言教学过程中，教师作为任务的设计者要根据学生的语言能力、知识层次精心设计难易适中、操作性强的任务。Willis（1996）将教学任务按难度分为六大类，分别为：列举型任务（Listing）、排序和分类型任务（Ordering, sorting, classifying）、比较型任务（Comparing, matching）、解决问题型任务（Problem solving）、分享个人经验型任务（Sharing personal experiences）和项目型任务（Projects/creative tasks）。教师在任务设计过程中可以根据不同学生的实际水平，选取或设计不同层次和梯度的任务，尽可能让全部学生在参与完成任务的全过程，提高学生解决实际问题的能力。

任务教学法通常分为任务前、任务中和任务后三个阶段。任务前阶段包括语言材料的选取和导入，任务背景的介绍，相关知识的准备等；任务中阶段包括任务的设计、组织与实施，以及对任务难度的把握等；而任务后阶段则需要评估任务是否圆满完成，并对完成的任务进行评估和总结，对学生能力进行评价，进一步巩固强化对重要知识点的掌握。任务教学法以学生为中心，将学习与实践相结合，强调在做中学，在学中做。教师为学习任务的设计者、指导者，学生为学习任务的主导者，学生间多以小组合作的方式完成任务。任务教学法将知识的学习从课内延伸至课外，最大限度地弥补课堂学习时间不够的不足，并且激发学生的学习兴趣，对于跨文化交际课程教学是有非常积极的意义的。

三、任务教学法在跨文化交际课程中的应用

任务教学法中的任务具有一定的真实性和交际性。任务教学法将知识的学习融入任务的解决之中，将学习与实践相结合，这种探究式学习方式能最大程度地激发学生的学习兴趣。跨文化交际课程是一门交际性与实践性较强的学科，教学目的是让学生通过真实的案例了解并学会尊重不同文化之间的差异，以包容、开发的心态与不同文化背景的人进行交流，并根据交际情景和交际对象的不同，恰当地使用交际策略，将理论知识与实际应用相结合，从容应对交流过程中出现的各种问题。任务教学法在跨文化课程教学中的具体应用可以按任务的三个阶段进行分类。

任务前阶段：学生自行分组，自选组长。在教师的引导下，各组学生明确任务以及需实现的目标，进行组内分工，明确每个学生在任务中的定位。同时，教师应就布置的任务进行知识的导入，文化背景的简单介绍，或提供视频资料等，帮助学生理解并规划任务。

任务中阶段：①制定阶段性目标并将任务细化，明确各时间节点。前期资料收集完毕后，小组组内交流汇报，进行讨论，提出解决问题的方案或梳理清楚观点，最终形成报告。②小组进行班级汇报，在班级范围内与其他同学互动、讨论。

任务后阶段：教师进行点评与总结，解答学生的疑惑，进一步帮助学生理清与任务相关的跨文化知识点。随后，小组同学再进行总结，对相关知识争取有更明晰、更系统的理解。

在实际教学中，笔者以探讨中美友谊观的差异作为一次项目型任务，在课堂教学中应用任务教学法。教学过程按以下步骤展开：

①以四到五人为一组，做好前期任务分工，如案例的收集、信息的查找、问卷的设计（如幽默感、智力、忠诚、热情、独立性、教育背景、信仰在中美友谊观中分别所占百分比）等，并要求学生将任务细分到各组员。

②前期任务完成后，组员进行资料的讨论或案例的分析，并以采访等形式完成设计的关于中美两国各自友谊观的调查问卷。随后，小组得出的数据进行总结，找出两者的差异。最后，小组成员将各自讨论后的观点形成文字，结合各项资料、数据，以 PPT 的形式进行班级汇报，教师随后引导学生进行班级氛围的讨论。

③在任务后阶段，班级讨论结束后，教师进行打分、点评及总结，并结合学生的讨论内容与案例进一步引导班级学生交流、思考并总结中美友谊观的异同，让学生对其有更深入的理解，从而更客观、从容地应对跨文化交流中的相关问题。

在整个教学过程中，学生围绕中美友谊观的差异这一主题，调查探究，查找资料，交流讨论，并用报告的形式向班级同学展示学习成果，在完成任务的过程中学会运用语言解决实际问题。学生参与度高，课堂气氛活跃。任务完成后大部分学生对中美友谊观的异同有了一定的理解，最终教学效果是比较好的。同时，采用任务驱动教学模式，课堂师生互动性更强，讨论氛围更为浓厚，教师在教学中与学生产生情感共鸣，更易获得满足感及成就感。

任务教学法在跨文化交际教学中具有较强的实用性，它将课堂学习延伸至课外，给予学生更大的学习空间，让其在探索任务、解决问题的过程中学会如何将理论知识与实践相结合，充分发挥主观能动性，培养解决问题的能力、独立思考的能力，激发学习兴趣，培养协作精神。当然，在具体教学过程中教师会遇到一些问题，如小组成员之间学习态度、学习能力、知识层次存在差异，可能造成部分学生敷衍了事，或过于依赖他人，这就需要教师在学生完成任务的过程中扮演好引导者、监督者的角色，随时与学生沟通，提供帮助，在学生制订、分配任务的过程中可以加以指导，尽可能使每位学生充分参与任务，提高跨文化认知与交际能力。

第五节　多模态交互与跨文化英语

20 世纪末的西方注重教育，提出了一套涉及图像、色彩、动作和音乐，并配合社会符号学所形成的话语分析理论体系，即为多模态。21 世纪中多模态便形成了独立的教学方法，首先引入英语的语言教学，之后便形成了"多模态教学方法论"。当今社会科技飞快发展，多模态教学中也逐渐涉及了越来越多的科技手段与科技产物，如计算机、多媒体、投影器、录音录像设备等，并且结合其他多种教学方式学习相关教学技术，在经验的累积与科技的辅助下构成了现行的多模态教学手段，此手段不仅在教育教学方面有积极作用，如提高教学质量与效率，丰富语言教学资料等，还可以培养跨文化模式交际能力。本节将从英语教学方面探析多模态跨文化交际能力的培养情况与理论基础，从社会符号学与认知心理学的角度入手，最终得出培养框架。

跨文化的定义十分简单，与本民族文化有差异或有冲突的均可称为跨文化，但跨文化能力的定义涵盖则十分广泛，所以学术界一直无法直接给出明确的定义。但综合历代以来学者对于跨文化交际能力的定义来看，跨文化交流能力主要是掌握并熟练运用语言和语法、了解具体的语境，能够采用适当的交流方式、有意识地进行恰当而高效的跨文化交际。

随时代发展，英语已经成为世界性的语言，掌握英语是实现跨文化沟通交流和各国发展战略的重要途径，所以高校英语的教学十分重要，各个高校竞相开启了英语教学模式改革，多模态交互式英语教学则是一种新型高效的英语教学模式，可以在使学生掌握语言要点并熟练运用的同时，培养锻炼跨文化交际的能力，增强跨文化交际的意识，完善跨文化交际的知识。

一、英语教学中多模态跨文化交际能力培养的能力

（一）社会符号学依据

社会符号学涵盖了许多图画、言论、行为、着装等可视化对象，其作为特殊的语言符号，具有独特的社会性质并可在社会中流通，其可以传递信息、表达意义。"模态"二字虽为抽象的语言符号，但在人体中也有多种模态存在，如与五感相对应的视觉模态、听觉模态、触觉模态、味觉模态、嗅觉模态，与生活联系密切，在人际交往中需要配合以上五种模态进行交流，因此，交际是多模态的行为活动。跨文化交流则需要行为、语言、图像、声音等多种手段与符号象征，同时也需要五感的配合，此种交际能力可在学习外语的过程中得到锻炼，但不仅仅来源于此，所以外语水平不能直接等同于交际能力，在外语教学中应有意识地借助多感官影响，如视觉、听觉等多种模态，潜移默化地影响学生、培养跨文化交流的意识，培养和锻炼跨文化交际的能力。

（二）认知心理学依据

俗语说，"一回生二回熟"，生动反映了大脑学习的规律与人类的认知规律，即需要多模态教学。从认知心理学的角度来说，比起平淡无味的海量知识以黑白文字与彩色图片进行教学，在教学中涉及视觉、听觉，触觉等多方面模态感受，大脑也更乐于接收此类互动式与借助多模态信息输入获得的知识。综上所述，多模态信息交流可显著提高大脑记忆力与各感官记忆力。所

以，可将此类多模式交互教学应用于外语教学实践课程中，借助计算机、多媒体的技术，可显著提高外语课教学质量，培养学生兴趣与跨文化交流的能力。拥有此能力后便可以熟练地应用于跨文化沟通与建立人际网中，收获远远不止外语水平的强化。

二、多模态教学模式下高校英语跨文化交际能力的培养

跨文化交际并非笼统的词汇，其中涵盖了跨文化交流、跨文化意识、跨文化交流所应用的策略方法三个方面的基本要素，此概念也在学术界拥有较高的认同度。本节将从教学模式、互动模式、情景交流三个方面详细介绍高校英语教学中该如何运用多模态交互式教学模式，如何树立学生的跨文化交流意识、培养学生跨文化交流能力、丰富学生跨文化交流知识。

（一）以"文字＋多媒体网络技术＋教师引导"的模式丰富学生的跨文化知识

在现在的高校英语课堂中，越来越多的老师选择以多媒体投影的模式对学生进行教学，使用黑板板书的教学模式则越来越少。据观察研究发现，"文字＋多媒体网络技术＋教师引导"的教学模式可以更好地激发起学生的求学兴趣，继而可以提高学生的语言能力。但在充分利用工具教学的同时，却少了语言人文性的体现。

使用多媒体的教学模式，可以生动地将多媒体网络中涉及的色彩、图像、视频等语言符号更好地为学生所感知、记忆。而且在这些丰富的副语言符号中，蕴含着多种不同的风土人情与文化魅力，可直观感受到语言的人文性。所以，教师在教学过程中，只要使用好教材中大量的语言资料与多媒体特有的动感视频与音频，并对学生加以引导，使他们能够更好地理解语言符号的文化意义与文化内涵，就不会造成大学生空有丰富的跨文化交流意识而缺少跨文化交流能力的现状。

多媒体网络可将图像、声音、文字等多种副语言符号的作用发挥极至，在图片或视频展示中，人物的言语、体态、神情、衣着均可以生动地传递给学生，利于感知其中所含的文化内涵。多媒体教学远比单纯的文字描述性教学更确切、更丰富，且不会在人为表述中造成语言内涵的错误，导致对文化产生误解与偏见。

所以，在高校英语教学中，教师应有意识地帮助学生分析多媒体中所展现的图像、视频、声音、文字等副语言符号涵盖的文化内涵，使学生可以借助多媒体与老师的引导更好地理解语言文化的魅力，掌握跨文化交际的能力与知识。

（二）以"影像＋师生／生生互动"的模式提高学生的跨文化意识和跨文化敏感度

除上文所说的"文字＋多媒体网络技术＋教师引导"的教学模式外，课堂中也应通过师生互动与生生互动的形式切身感受体验多媒体教学中呈现的画面内涵，更利于理解分析其中的文化魅力与文化知识，而不是全然借助多媒体的多感官体验式教学，来增强学生跨文化交流的意识与能力。师生互动与生生互动可以演绎影片中的片段、分析讨论影片中的文化知识，交流发言，分享自己在影片中感受到的文化差异或文化魅力。借助自我感受、自我思考可以更好地培养跨文化交际的意识，锻炼跨文化交际的能力。此法避免了老师讲、学生听的固定课堂模式带来的枯燥无味，加入多媒体网络技术进行影片播放等仅是第一步，老师应在播放影音的同时引导学生关注其中的语言点与文化差异，在强调学生模拟练习语言特点与表达方式的同时，更要从跨文化的角度进行分析与讲解。因为语言不仅是文化的载体，而且文化更是语言的根本魅力所在。从文化普及的角度出发，进行语言教学与练习，不仅可以巩固强化学生对于语言的掌握与应用能力，还不会导致学生把影视分享当作一种乐趣，不但没有做好语言教学，也没有培养学生跨文化交际的能力。借助多媒体影音教学的主要原因是影片欣赏中有生动有趣和感人的情节，更有着丰富的语言文化知识，所以，在教师带领学生欣赏的同时，可以给学生安排适当的课后任务，如分组模仿其中情节、演绎情景剧、对影片内容进行描述与叙写等，帮助学生更好地感知影片中的伦理道德与文化底蕴，同时在学习语言中掌握应用能力。

在师生互动与生生互动中，可以更好地接受对方观点，完善自己对于语言与文化的认知，更好地感受到中西方语言的差异与特色魅力，不仅可以提高学生对于语言的掌握与应用，还可以培养跨文化交际的意识与能力，提高跨文化交际敏感度与感知度。

在当今经济飞速发展，通信技术迅猛发展的情况下，各国间的交流越来越密切是发展的主潮流，跨国交流在人类生活中是无法避免的，所以跨文化交流成为每一个国民都应掌握的能力。这就要求跨文化交流的能力应从学生时期开始培养，在高校英语教学中，首先应当使学生掌握并熟悉运用语言要点与技巧，之后借助语言教学跨入文化教学，使学生可深入感受到异国文化的魅力与内涵，培养学生跨文化交际的思想与感知度，进而在授课中借助多模态交互教学模式，培养学生的跨文化交际的能力，在跨文化交际的实践中更好地理解跨文化交际，掌握相关知识与交际技能等，并可熟练将其运用到生活中，满足个人的发展与社会的需要。

第六节　英语教学与跨文化敏感度发展

随着全球化进程的不断加快，国内外跨文化交际也日趋增加。因此，中国新时代对人才的要求不仅是专业精，而且能够顺利进行跨文化交流，这就使高校外语教学面临一项新挑战——跨文化敏感度发展模式的应用。在以往的外语教学中，教师只注重学生掌握语言知识的情况，目的是使学生的语言能力得到提高。目前，有很多学生可以顺利通过英语等级考试，却不能用外语在实际的跨文化交流中进行有效交流。鉴于此，主要从影响跨文化敏感度的因素入手，论述跨文化敏感度与高校英语教学的基本情况，并重点探讨高校英语教学中跨文化敏感度发展模式的具体应用。

加入世界贸易组织后，我国实现了经济大发展，并在跨文化交际中依托信息技术，将其作为平台，以经济为驱动力，进行了越来越频繁的文化交际。而对于外语教学者来说，如何培养具有较强的跨文化交际能力的人才就成为他们所关注的焦点。由此可见，为了使跨文化交流更顺畅，高校英语教师也面临着新挑战，他们要承担起培养大学生跨文化敏感度的重要任务，当前这是他们的一项重要工作，而且高校英语已经将跨文化交际列为其主要内容。在跨文化背景下，跨文化敏感是促进成功交流的必需元素，在情感层面体现得尤为明显，既可以指跨文化敏感度，也可以指跨文化敏感力，也就是在不同文化互动或者是在特定的某一情景下，一个人的情绪或情感上发生的变化。Bennett 在 1986 年创建了跨文化敏感度发展模型，并且根据 1993 年 Bennett 的定义，跨文化交际敏感度就被认定为是能够适应现实中所存在的文化差异的能力，能观察到不同的发展阶段。我们要充分认识到跨文化敏感的重要性，它贯穿在整个跨文化交际过程中。所以，要提高学生的跨文化交际能力，培养跨文化敏感度就是该过程中的一个新挑战。

一、影响跨文化敏感度的因素

　　针对跨文化交际能力的研究，其中一个重要因素就是跨文化敏感度。由于每个人的价值观念、文化背景、思维模式、生活方式以及宗教信仰等都各不相同，所以在跨文化交际时，他们在思维方式、信息交流上有差异性表现。如果不能感知并调节好不同文化所表现出的差异，那么跨文化交际中可能就会有误解、矛盾等产生，很难实现有效沟通。Chen 指出，有六种元素能代表跨文化敏感度，其中包括：自爱、开放的心灵、自我监视、移情、暂缓判断、互动投入，这六种元素能帮助理解"正面情感能力"。实质上，跨文化交际指的就是不同文化背景的人在语言、思维及行为方式方面的一种正面交锋，它带来的疏离感、心理压力及挫折等会直接或间接地对交际者造成影响。正是因为如此，才要求交际者要认识到自己的价值，并有自爱心。首先，拥有开放的心态便能适当地去解释公开自己的思想，同时对于对方的解释也更愿意接受；其次，自我检视是指在沟通交流中对自己的社交行为做持续的审视及观察，做到专注，对他人的取向要极为注意，这样才能更好地去适应不同的沟通情景；再次，移情和互动投入是能为对方多着想，将自己投射到对方的思想上，对言谈的交换更加专注；最后，文化交际过程中切忌妄加判断，必须要谨慎行事才行。上述的六大元素中，移情决定了交际者能否彻底摆脱自身文化积淀所形成的思维定势的影响，使文化差异引发的文化冲突得以避免，跨文化交际顺利推进。

二、跨文化敏感度与高校英语教学

　　文秋芳在分析跨文化交际这一问题时始终有自己独到的见解。她认为，培养跨文化交际能力以及开展外语教育时，主因是交际能力，除此之外还包括跨文化能力。跨文化能力有三个部分，即：对文化差异的敏感性、文化差异处理的灵活性、对文化差异的宽容性。这三个组成部分之间的关系是层级发展的，而跨文化能力的发展应该从底层到高层逐步进行。在跨文化交际中学生不得忽视文化的差异，必须要重视起来，应对其端正态度，保持敏感性，对对方的文化给予充分的尊重和理解，并且要加强训练学生处理文化差异的能力与技巧。强调文化差异敏感性的目的是要求交际者在对异国文化关注的同时也要了解自己本国的文化，正确对待本国和他国文化之间的差异，也在提示英语教师对自己的文化加强认识。学生在高校英语学习中作为交际者，要树立自己的价值观，对于自己的文化要有一个完整的认识，能在跨文化交际中拥有良好的开放心态。此外，移情能力是对跨文化敏感度造成影响的一个重要因素，也是高校英语教师不容忽视的因素，而我们对问题的认识角度则是移情的根本意义。英语教师在英语教学时，为了增强学生的跨文化交际能力，就要帮助学生树立以下信念：看待问题必须站在多视角，仅围绕本民族文化视角是不对的，还要结合交际文化。只有从他国文化的角度看待问题，才能对他人的想法有全面的理解，也能确保跨文化交际更顺利。平时还要对学生加强有意识的训练，使移情能力提高。日常英语教学中，英语教师需要向学生渗透认知差距如何缩小的问题，并要对其他民族文化的熟悉程度予以加强，在这方面的训练要多一些，这对提高学生对不同文化的理解能力和感知能力有重要意义。

三、高校英语教学中跨文化敏感度发展模式的具体应用

（一）高校英语教学中跨文化敏感度发展模式的应用前景

1. 在语言教室中培养学生跨文化敏感度

Ford 认为，教学资源支持及学习挑战这两个方面应如何实现平衡是教学中谈论的关键。当学习中有新知识和新技能出现时，就要在挑战和支持之间获得平衡，否则学习者面临过多的挑战会身心疲惫，更为严重的还会有抵触情绪；相反地，如果有太多的支持，那么学习者在这种情况下还会有懈怠产生，导致学习状态停滞不前。所以，教师在英语教学中要正视教学策略及应用的支持材料给他们的教学工作所带来的多方挑战，在此基础上采用恰当的交流方式及不同的学习方式合理地去评估所选择的教学方法，最终可以找到一个最为合适的教学策略。DMIS 还针对有较高要求的学习专题提出了一些可行性的建议，他指出各方面关系的平衡离不开教师的努力，教师还应在学习者的学习过程中尽全力地给予他们一些友好的支持，要具有挑战性的教学内容；教师在教学策略的选择上要有针对性，如果是日常化、比较乏味的话题，那么需要具有挑战性的教学策略。总之，在确保平衡框架的基础上，教

师能让那些在讨论文化差异阶段有着种族优越感的学习者承受更大的挑战；当学习者在跨文化交际中处于差异的接受、认同阶段时，文化差异这一议题的挑战性就在一定程度上降低了，这样就可以在学习者参与高挑战性的活动时，运用更复杂的学习策略。

2.学生的跨文化交际能力在第二语言文化教学中得到提升

DMIS 模式所描述的是人们逐渐获得跨文化交际能力的整个历程。该模式的重点是展示学习者如何克服自身文化及种族所带来的优越感。与此同时，习得文化的相似性和差异性被认为是这一模式中的重点部分，并揭示了跨文化交际意识的核心部分就是文化差异，认为教学的关键所在是时间问题。语言教师能将这些作为参考应用到教学中，比如，评估学习者为学习某些类型的文化所做的准备工作、如何选择学习活动以及排序情况、如何在进度预先设定的基础上有所发展、学习者在跨文化敏感发展的不同阶段如何更有针对性地提高自身的跨文化交际能力。

（二）高校英语教学中跨文化敏感度发展模式的应用对策

1.初级阶段的对策

首先，文化差异否认阶段。"积极的无知"是这一阶段学生奉行的原则，并且认为"我并不需要知道"，强调的因素是熟悉。该阶段发展将帮助学习者对被否认的文化差异有个正确认识作为主要任务。教师要在授课时应多鼓励学习者对目标文化知识要多学习、多掌握，只有这样才能使学生对真实存在的文化差异有所认识，焦虑状况才能得以缓解。事实上，第二语言初学者大多数都处于文化差异的拒绝阶段，在此期间有大量的材料被应用到文化教学中，比如：关于文化的社会科学（如：政治学、历史学等）、目标文化知识（音乐、艺术等）、旅游常识，主要目标是语言符号的使用，而不是目标文化的运用。教师在课程设计时，选择的主题是不具争议性、又能愉快处理的（举办文化博览会、庆祝节日等）。在这一阶段，提高学生跨文化技能的关键在于大力收集文化信息，对文化差异的积极探讨、友好合作。

其次，文化差异抵制阶段。学生对文化差异的抵制原因在于他们害怕发生一些预想不到的变化、怕承担风险，处于"围城"阶段，学生极力对外禁止，排斥其他种族，要求一致性，坚信民族至上。学生在该阶段将对文化差异的探讨看作是他们面临的最大障碍，寻求自身文化所能带给他们的安全感。在差异抵制期间，首要任务就是文化差异产生的分歧能减少，并得到控制，与此同时全面认识各种文化的相似部分。高校英语教师还要帮助学生对文化差异增加一些耐心、克服跨文化焦虑；关注该阶段学习者的文化群，多促进合作；提供的信息资讯可以是类似的，也在一定程度上避免出现文化比较情况；对学习者不同阶段的自我调控能力做对比，包括耐心、宽容、焦虑管理等；给予学生一切支持和帮助，去发现人类文化的共通性。此外，教师还要努力培养学生对文化差异进行客观阐述的能力。阶段学习内容将其侧重点看作是自身文化及目标文化两部分，如在升学过程中对文化重新体验并在这个过程中评估自身习得相关文化技能的情况。选择教学方法及教学内容时，教师要以有效的互动、较低的语言要求为原则。教师可以要求学生来一场"头脑风暴"，说明某具体方面自身文化与目标文化之间的相似处；教师还应为学生提供更多的机会去找寻文化共性。学生跨文化交际能力阶段性发展的重点为：(1)自控能力；(2)包容能力；(3)焦虑排斥能力。

2.中级阶段的策略

首先，文化差异最小化阶段。一般情况下，学习者在此阶段往往会转变态度，但是仍然会发现他们身上种族优越感的存在，对于文化间的差异应尽量不要去掩盖，将这些差异纳入到所熟悉的类别中，毫不影响自身的世界观，不应认定所有文化都一样。继续深入学习自己的文化是该阶段最重要的发展任务，文化自我意识的加强培养是目的，以免产生对文化过度的紧张。教师应该让学生充分认识到，每个社区都有各自的流行文化，尤其是让他们合理地去区分目标文化和自身文化这两类文化。此外，该阶段训练跨文化能力将其重点应放在以下方面：开明的思想；通识文化知识；客观认识自身文化；听力技巧培养；准确地感知能力。

其次，文化差异认同阶段。学生在这一阶段会认为："你对文化有越多的了解，所做出的比较就能更好。"在该阶段，高校英语教师运用的教学方法更丰富、更有效。如：在教授文化词汇以及语言教学中，可以为学生介绍文化差异，以此激发学生的好奇心，提高他们的跨文化敏感性，从而引起学习兴趣。学生有了文化意识，他们所承担的文化认知任务就会更复杂。教师在已有的教学方法基础上积极探寻新方法，增强文化自我意识，合理地运用特殊文化及通识文化策略。

3.高级阶段的策略

首先，适应文化差异阶段。一般来说，学生在跨文化交际这一阶段往往会运用移情技能，还会对自己的观点做出改变和调整，并认为："我尊重与我来自同一文化背景下和来自不同文化背景下的人们，尽管交流中我们持有不同观点，但也应该被尊重。"这个阶段的文化分类系统正在逐步完善，学生基本都能掌握第二语言，并且在积极地探索问题，对语言能力要求更高，也希望能掌握更多的跨文化交际技巧。本阶段发展涉及解决问题使用的技巧、风险承担能力、互动技能培养等。在该阶段学生的自主活动开展得较多，主要目的是用以刺激跨文化敏感性。

其次，文化差异融合阶段。处于该阶段的学习者已经很熟悉双语双文化问题以及文化身份问题，主要的表达有："在充斥多元文化的世界，人们需要跨文化的头脑""当我弥补我熟知文化的差异时倍感满足"。他们很容易解决文化背景问题，通常在发现自己并非是文化边缘群体时会倍感欣慰。此外，教师为了让学生利用并借鉴理论模型，可以帮他们构建一个多元文化认同模型，也能帮到出国留学的学习者。总之，对高校英语教学中跨文化敏感度发展模式的研究是一个重要课题，高校以及英语教师要高度重视，从而加强跨文化交流。

第六章 高校跨文化英语教学与课程设计研究

第一节 高校英语翻译课程中的跨文化教育

两种语言转换过程的翻译活动绝不仅仅是从一种语言到另一种语言的转换，也不仅仅是字、词、句之间的机械转换，它是两种文化之间的跨文化交流活动。因此，不了解文化之间的差异无疑会在翻译过程中产生很大障碍。学生在翻译中常出现的最严重的错误往往并不是表达不当造成的，而是文化差异所造成的。

一、地域和历史方面的文化差异对翻译的影响

所谓地域文化就是指由所处地域、自然条件和地理环境所形成的文化现象，其表现就是不同民族对同一种现象或事物表达形式采用不同的言语。例如：汉语中人们常用"雨后春笋"来形容新事物的迅速涌现或蓬勃发展，但是英语中却用 Spring up like mushrooms（蘑菇），汉语中的"多如牛毛"表示事物之多，而英语中则用 plentiful as blackberries（草莓）。中国在地理环境上属于半封闭的大陆大河型，自古以来，人们生活和生产活动主要是依附在土地上。因此，汉语词汇和习语有许多都与"土"有关，如"土生土长（locally born and bred）、土洋并举（to use both indigenous and foreign method）、土特产（local product）等。但在英译时它们都失去了"土地"一词的字面意思。倘若将"土"字都完完整整地译出，就会让西方人感到莫名其妙。相反，英国是个岛国，四面环海，英语中与海洋渔业有关的表达比比皆是，但翻译成汉语时却采用另外的表达法。如英语"All at Sea"（字面意思为"在海上"），汉语却翻译为"茫然不知所措"；英语"A Small leak will sink a great ship"（字面意思为"小漏沉大船"），汉语却翻译为"蝼蚁之穴能溃千里"；英语"Spend money1ike water"（字面意思为"花钱如水"），汉语却翻译为"挥金如土"。一定的语言表达跟特定的历史文化也是分不开的，在两种语言之间进行翻译时，会经常遇到由于历史文化差异而出现的翻译难题。例如，英语"waterloo（滑铁卢）"是比利时的一个地名，拿破仑于1815年在那里惨败，整个战局为之一变。因此，"to meet one's waterloo 在进行翻译时应该包含"遭到决定性失败"之意。又如："三个臭皮匠，顶一个诸葛亮。"诸葛亮是中国历史上的著名人物，在中国家喻户晓，是人们心目中智慧的象征。但西方读者未必知道他是何人，更别说与"臭皮匠"有何联系，若采用直译很难传递句子所蕴含的丰富历史文化信息。在此只有采用直译加增译的方法，才能使原语言的信息得以充分再现，故可译为：

"Three cobblers with their wits combined equal Chukeh Liang the master mind."

二、思维方式和价值观的差异对翻译的影响

本质上思维方式的差异是文化差异的表现，长久生活在不同区域的人具有不同的文化特征，因而也形成了不同的思维方式。英语民族的思维是个体的、独特的，而中国人注重整体、综合、概括思维。在语言上，英语偏好用词具体细腻，而汉语用词概括模糊。例如"说"一词，英语有"Say，Speak，tell"等，这些词可以表达不同情况下"说"的意思。这样使语言简洁准确，又富于变化，生动形象。而汉语往往趋向于泛指，在"说"前加副词修饰语，如语无伦次地说，低声地说，嘟嘟囔囔地说。东方人偏重人文，注重伦理道德，西方人偏重自然，注重科学技术；东方人重悟性、直觉、求同、求稳、重和谐，西方人则重理性、逻辑、求异、求变、重竞争等。不同的思维方式决定了各个民族按照各自不同的方式创造不同的文化，而这种不同必然要通过文化的载体——语言得以表达，这种思维方式的差异常导致翻译中一些词语的引申义不同，因此，我们要谨防翻译陷阱。

第二节　高校英语专业翻译课程中
跨文化意识的培养

在全球经济一体化、世界文化大融合的今天，中国与世界各国的经济和

文化交流达到了空前繁荣的程度。国际交流的发展为中国的高等教育带来了新的发展契机，同时也为高校的英语专业建设带来了新的挑战。

高校英语翻译教学肩负的责任，不仅是提高学生英语翻译能力，还是为我国提供与各国沟通的桥梁。在此国际大环境下，各高校应在英语专业教学中重视翻译教学的开展，提高教学质量，以满足国际交流与合作的需求。文化是翻译活动中的一个重要因素，缺乏文化考虑的翻译活动注定是呆板、没有灵性和意义的。

一、文化与语言、翻译的关系

文化和语言之间的关系是非常密切的。语言是文化的载体，脱离了语言的文化也就没有什么意义了。同时，语言也是文化的一种，是文化的一个方面。语言体现了人类对客观世界的认知与态度，记录了社会和民族的发展进程，是一个民族文明发展的成果和智慧的积累。一方面，人们通过学习语言掌握和继承前人积累下来的文明成果，又通过语言让这些文明成果得以延续和改进；另一方面，任何语言的存在都离不开人们赖以生存的社会文化环境。所以说，语言是不能超越文明而独立存在的。社会文化又在某种程度上制约了语言使用者的思维和表达方式。因此，语言和人类的生存环境、历史背景、社会风俗、生活习惯等有着千丝万缕的密切联系。

比如，地域不同，各地自然景观也各有特点。反映到语言上，在用自然景观或物体做比喻时，语言间就存在明显差异。例如，汉语中的"松、竹、梅"能使汉语民族的人联想到"岁寒三友"，具有斗霜傲雪等附加意义；但是，英语中的"pine，bamboo，plum"却不能使英语民族的人产生这样的联想。不同国家所拥有的文化背景不同，即便是意义相同的某个词或短语对于来自另一文化背景的人来说，代表的事物也可能截然不同。

明确了文化与语言之间的关系，也就明确了文化和翻译之间的关系。语言学习者通常会觉得翻译很难，就是因为语言一方面承载着文化信息，另一方面又被所承载的信息制约。对于翻译来说，词语只有从它们赖以依存的文化角度出发去考量才真正具有意义。

二、翻译课程中培养学生跨文化意识的重要性

（一）由英汉两种语言的文化差异决定的

地域环境、历史背景和文化习俗的不同展现了英汉民族在用语习惯和思维方式等方面都存在较大差异。中国古代以农耕为主，与中国古代人联系最为密切的动物就是牛了。中国人在日复一日的耕作中创造了大量与牛有关的词汇，如"牛劲、牛皮、牛角尖、牛脾气、吹牛、对牛弹琴、牛郎织女、庖丁解牛"等。而西方的语言则起源于游牧文化，与西方人关系最为密切的动物是马，即使是耕地，也是以用马为主。这样，在英语中与汉语"牛"的一系列词语相对应的表达方式则变成了与"马"有关。例如："as strong as a horse"（汉语译为"强壮如牛"），"to talk horse"（汉语译为"吹牛"），"to work like a horse"（汉语译为"像老黄牛一样平明干活"），等等。由此可以看出，语言时时处处体现着文化，文化在任何时候都需要语言来承载。

此外，中国经历五千年传统文化的累积，"治国、齐家、平天下"的儒家文化思想倍受推崇。在语言表达和思维方式方面受儒家思想的影响，中国人养成了谦虚谨慎、内敛含蓄的思维方式。而西方人受文艺复兴时期思想的影响较大，他们倡导个性解放，在语言表达和思维方式上更加直接而奔放。例如，中国人见面打招呼习惯问："吃了吗？""今天天儿不错啊！"。实际上，中国人并不是真的想跟你讨论吃饭和天气的问题，只是见面寒暄的一种委婉的表达方式。但同样的问候语放在西方人身上，他们可能以为有人要请他们吃饭或者想跟他们讨论天气情况。现实中我们经常会遇到这样的情况：一个中国人对外国人讲了一个笑话，结果不但没有引起对方的大笑和认同，反而让对方受到了伤害，这是不同的语言蕴含了不同的文化所造成的。

之所以说翻译很难是因为两种语言当中所蕴含的文化存在很大差异。一种文化中很多不言而喻的表达方式，在另一种文化中却往往需要花很大的精力才能解释清楚。可以说，仅仅掌握两种语言是不能成为翻译者的。对于成功的翻译者而言，跨文化能力比跨语言能力更加重要。作为英语专业的学生，如果不了解中西方文化的差异，就无法准确地翻译出篇章的内涵。因此，在英语翻译学习中，既要掌握语言知识，又要加强跨文化意识的培养。

（二）培养文化翻译意识是提升学生英语综合学习能力的有效手段

高校英语教学应该高度重视培养学生的听、说、阅读和翻译能力，这几大能力缺一不可，其中，翻译能力的重要性尤为显著。这是因为，翻译与听、说、读、写之间存在着密切的关系。只有翻译恰当合理，学生才能更好地理解语篇中表达的含义，进而掌握相关词汇及语法的具体用法。翻译语篇的过程就是学生进一步巩固词汇、语法知识的应用过程，是掌握更多的英语文化知识、激发学生的内在学习动机、强化学生对英语综合运用能力的有效途径。可以说，学好翻译能够有效地提高英语听说和读写的能力，是提升学生整体英语学习能力的需要。

三、在高校英语翻译课程中培养学生跨文化意识的有效途径

（一）跨文化教育需遵循的原则

在英语翻译教学中需要遵循一定的教学原则进行跨文化教育，从而提高跨文化教学的实效性。教师应遵循适度原则、兴趣原则和平等原则。适度原则是指教学中应有所取舍，选取能够与英语翻译教学内容同步的文化内容；兴趣原则是指教师应充分考虑到学生兴趣的提升，对教学内容进行精心设计，最大限度激发学生的学习热情；平等原则是指教师要引导学生树立文化平等的概念，公平对待中西方文化，不应出现厚此薄彼的不公正态度。

（二）以跨文化视角完善英语翻译教学大纲、课程标准与评价体系

教学大纲是学科教学的基础和导向，对课程内容、教学模式和教学方法起着重要的指导性作用。因此，学校应该以人才需求为导向，以学生基础为依据，从跨文化的视角制定合理、可行的教学大纲，对英语翻译课的教学标准、教学内容、课堂活动、案例讲解、辅助资料、随堂测试和课后练习等作出相应的规范化要求。课程评价方法是课程标准的重要内容。跨文化视角下的英语翻译评价体系应该是多维的。平时学习过程的考核、期末成绩的考核、跨文化意识的考核都应纳入到期末翻译课的评价体系之中。其中，跨文化意识的学习比较抽象，教师无法主观判断，但可以通过学生参与跨文化专题和阅读英美文学名著之后形成的学期报告进行考察。

（三）增设跨文化教学内容

传统英语翻译教学的主要内容，多是对翻译理论和翻译方法的讲解与实践，缺少的正是跨文化教学内容。在很大程度上来说，英汉之间的翻译也是两种文化之间的相互转化。因此，在英语翻译教学中适当增加中西方文化介绍是开拓学生视野、增强学生实际翻译能力的有效途径。增设跨文化教学内容的有效途径是选取合适的教材，目前普遍使用的教材大多是针对本科院校学生，教材主要以翻译理论和翻译方法为主，总体来说教材是偏难的。各高校可根据自身实际情况自主编写教材，教材内容建议增加中西方文化差异和真实的交流场景，引导学生利用语境进行文化交流，从而减少在翻译实践中出现文化冲突的现象。此外，教材内容还应体现出中西文化的对比性知识，使学生在掌握本国文化的基础上，也能对英语文化印象深刻，并能根据历史文化与社会背景了解到英语语言的形成过程与特点。英语翻译活动应该体现时代发展的与时俱进，社会政治、经济是不断向前发展的，翻译文本也是随着时代的发展而不断改变的。因此，翻译教师在教学中应该突破已有教材的局限性，能够对教学目标和教学内容作适当的补充和拓展，并联系社会热点问题，增加生动、有趣的跨文化信息，在潜移默化中加强对学生跨文化意识的培养，使学生的思维能够与时俱进。

除了在教学中引入跨文化信息外，还应定期举办跨文化专题讲座，重点围绕翻译学习中普遍存在的文化矛盾与冲突问题进行讲解，大量补充英美文化背景知识，使学生深刻体会中西方文化的差异。跨文化专题讲座要立足英语翻译课程的基本要求，同时要服务于英语语言的综合学习，因此内容方面要与语言密切相关，教师可多选取一些文化内涵丰富的名人名言、谚语习语、俗语俚语，英文诗歌等内容。文化专题的内容还可选取英美文学名著的内容，重点讲解文学名著的阅读和欣赏方法，对比分析文学作品中的中西方社会历史、风俗习惯、文化特征和哲学思想，提高学生中外文化的比较意识，提升综合素质。

（四）培养学生跨文化翻译实践能力

培养学生的跨文化翻译能力，不仅要体现在课堂的教学过程中，更要体现在课后实践平台的提供上。在课堂教学中，教师应尽可能多地为学生创设翻译实践教学情境，如通过翻译情境再现来进行角色扮演活动，或者呈现国内外经典影片的片段，这些都能使学生在进行跨文化翻译实践的同时，极大地激发学生的内在学习动力，增强翻译学习的自信心。毕竟英语翻译课堂教学的时间有限，因而课后实践平台的搭建就显得尤为重要。比较容易实现的实践平台主要包括：鼓励学生参加英语角活动；举办英文演讲比赛；开展英语辩论赛以及进行英文话剧表演等。相对来说，还有一种翻译实践平台的搭建要稍难一些，但绝对是可以实现的。学校可以与出版社联系，构建校企合作平台，组建校内翻译工作室，承接一些难易程度适中的英文原版小说的翻译工作。这项举措可以说是对学生跨文化翻译能力的一项终极检验。鉴于学生英语语言基础有限，承接的翻译工作不宜太难，可以先从英文原版的童书类开始。学生在实际工作中，不仅锻炼了翻译实践能力，还可学会大量地道的英语口语表达方式。

（五）构建高水平的、专业的翻译教学团队

在开展英语翻译课程时，教师是主要的引导者。翻译教师的专业素质和专业技能将直接影响英语翻译课程的教学质量。因此，高校外语专业要加强英语翻译方面的师资队伍建设，在引进高水平、高质量的英语翻译专业人才的同时，也要给学校的中青年教师提供锻炼的机会。例如，学校可以为教师提供出国学习或者去企业实践的机会，使教师在增强专业知识和技能的同时，深入体会西方的文化环境和风俗人情。此外，英语教师自身也要不断提高认知、完善自我，注重对中西方文化知识的积累，提高自身的翻译能力，积极参与翻译实践。英语翻译教师一定要遵循语言教学的规律，能够在教学中以翻译为纽带，实现英汉两种语言之间的文化互动和相互渗透。教师要充分利用现代多媒体信息技术，拓展自身的跨文化知识面，开阔文化视野，加强对英文原版文学作品的欣赏，提升自身的人文素养，使跨文化意识和英语翻译教学形成良好的渗透与互动，切实提高英语翻译课堂教学的实效性。

在英语翻译教学中培养学生的跨文化意识对高校英语教学具有重要意义，是新时代培养国际化英语人才的必然要求。各高校都应从教材、教法以及教师等多个方面进行思考和改革，创建积极的英语语言交际环境，加强学生的英语沟通能力和翻译实践能力，使英语翻译学习更加简单、高效，为社会培养更多、更优秀的英语翻译人才。

第三节　CBI 的高校英语跨文化交际翻转课堂教学模式构建

　　自《大学英语教学指南》明确提出各高校应开设大学英语跨文化交际课程的要求以来，全国高校纷纷响应号召，研究和设计大学英语跨文化交际拓展课程的教学模式。但是受到传统教学模式的影响，大部分高校仍参照原有的通用英语课程教学的方式来设计和安排大学英语跨文化交际课程教学。然而教育部所倡导增设的跨文化交际课程与原有的通用英语课程相比，教学目标迥异。不同于以培养学生的语言技能为单一目标的通用英语课程，跨文化交际课程既强调学生对文化内容的学习，又注重对跨文化言语交际技能的训练。鉴于跨文化交际课程的双重教学目标，原有的适用于通用英语课程的教学模式显然无法满足跨文化交际课程教学的需要。此外，跨文化交际拓展课程所倡导的文化学习，与跨文化语言交际技能的提升，必须以充足的英语学习时间、大量的技能训练为前提，以及学生的积极参与为前提，而这些是传统的教学模式难以实现的。

　　由此可见，传统大学英语课程的教学模式无法满足跨文化交际课程的教学需要。如果直接套用原有的教学模式来开展跨文化交际课程教学，定是"此路不通"。如何解决以上问题，有效开展大学英语跨文化交际课程教学，已成为国内各外语教学院系面临的一大难题。

一、将 CBI 与翻转课堂教学模式引入跨文化交际课程教学的可行性

　　CBI 是内容依托教学法的简称，属于交际教学法的一个重要分支。其理论依据为二语习得理论与认知心理学理论。其理论核心在于融合学科内容教学与语言教学，倡导在学习内容的过程中，深化对内容的理解，提升语言能力。这正与跨文化交际课程"文化与跨文化内容学习＋跨文化交际语言能力训练"的双重教学任务相吻合。这也是传统的以培养学生的语言技能为唯一目标的教学模式所无法比拟的。此外，CBI 理论为保证内容与语言教学双重目标的达成，对教学材料的选取、教学任务的设计、教学主题的确定、教学话题的设置等均有细致的要求与描述，这为确立跨文化交际课程教学模式中

的各关键要素提供了方向。

CBI 的引入为建立适应跨文化交际课程教学的新型教学模式奠定了基础，而翻转课堂教学模式的融入则为跨文化交际课程教学实践的顺畅开展与教学目标的实现提供了必要保障。翻转课堂依托网络技术反转了传统教学模式的"知识学习"与"知识内化、技能训练"两个过程，并将"知识学习"置于课前，以教师在线指导下的学生自主学习的形式完成，从而有效扩充了学生的学习时间。同时，网络平台的搭建也为师生的一对一沟通创设了更多机会。建构主义学习理论认为：学习是学习者主动地建构自己知识经验的过程，学习应当以学生为中心。在翻转课堂教学的课前在线学习中，学生在教师的指导下，完全依据自己的特点与需求进行个性化的知识学习、深度的独立思考与创造性的探究，从而成为主动的学习者与知识建构者。在课上的学习中，学生自主或协作完成一项真实的任务，通过"做中学"不断完善自身的知识体系，提升能力水平。由此可见，将翻转课堂教学模式引入跨文化交际课程教学，不仅可以创造掌握学习理论所提出的和学生达到掌握水平所需的充足的时间，以及足够的支持，还可以有效实现建构主义所倡导的以学生自主建构知识体系为特征的学习过程。

二、适应跨文化交际教学的新型教学模式的建构

融合 CBI 与翻转课堂教学模式，建构适应跨文化交际教学的新型教学模式需从三方面入手：

（一）新型教学模式的运作机制的确立

教学模式的运作机制关乎教学的流程安排，是教学各环节的承接，更是顺利开展教学的前提。在设计新模式的运作机制时，可基于翻转课堂教学模式的基本架构，确立课前线上自主学习知识，课上线下进行能力训练的基本教学流程。在此基础上，在设计课前学习的方向与课上训练的主题时，可依据 CBI 所倡导的模式引导学生在学习学科内容的过程中建构语言与学科知识，围绕内容开展各类活动提升语言技能的思路，同时结合跨文化交际课程的特点，将涉及文化与跨文化交际的内容学习置于课前网络自主学习阶段，将围绕课前学习的内容主题开展的各类跨文化交际语言训练任务置于课上学习阶段。同时，在 CBI 的相关理论指导下，精心设计与安排课前与课上两大

阶段的各具体教学环节，形成科学、有序的运作机制，以促成学生在课前依托环环相扣的内容学习，有效建构文化主题知识体系，在课上借助与课前所学内容相关的，相互承接的训练活动提升自身的跨文化交际能力。

（二）网络自主学习资源的建设

在跨文化交际课程的翻转课堂网络教学中，自主学习资源用于学生对相关文化主题与跨文化交际策略的课外网络自主学习，这是学生获取知识的重要来源，也是课上跨文化交际能力训练的必要前提。在建设自主学习资源时，可参照 CBI 对教学材料选取的三项要求：①为了保证教学材料的语言质量，应选取那些本土族人所使用的原汁原味的文本、视频、音频材料。②教学材料的内容应符合学生的实际需求，且能够激发其兴趣。③教学材料应有助于引发学生对教学主题的深入思考与挖掘，以深化学生对教学主题的认识。围绕此三项要求，在建设跨文化交际课程翻转教学的自主学习资源时，首先可依据真实性原则，广泛汇集国际权威慕课平台上的国外知名高校开设的相关文化与跨文化课程；收集国外影片，以及来自其他权威渠道的跨文化情景交际视频；汇总国外相关教材与其他书籍、报刊中相关内容的电子版材料。其次应基于情感适切性原则，选取那些未来可能开展的与跨文化交际活动密切相关的教学材料，以加强学生对教学材料的关注度与兴趣度。最后可依托启发性原则，选取能够较好地凸显中西文化差异的教学材料，促进学生对跨文化交际障碍与策略开展深入的自主思考与有意义的讨论，增强跨文化意识，深化对跨文化交际的认识。

（三）学习任务的设计

学习任务是贯穿整个翻转课堂教学的主线。在跨文化交际课程的翻转课堂教学中，课前的在线自主学习任务重在引导学生完成对文化以及跨文化策略的知识性学习，课上的训练任务旨在促进学生内化知识，并提升自身的跨文化交际能力。在设计课前与课上的各项学习任务时，可依据 CBI 理论的指导。CBI 提倡引导学生在"做中学，学中做"，通过多样化的任务，以促进学生自主学习和合作探究，一方面围绕学习内容开展创造性的思考、讨论，以及更深层次的挖掘，牢固建构知识体系；另一方面在使用知识"做事"的过程中，完成各项应用技能的提升。基于 CBI 的主张，在跨文化交际课程的课前学习中，可引入中西文化对比项目研究，跨文化交际主题在线讨论等任务。借助项目研究任务，可引导学生围绕跨文化主题，创新思考、深入探究，通过广泛查阅相关材料，梳理和分析中西文化差异，总结文化差异对跨文化交际的影响，开展更为深入和广泛的跨文化学习；通过在线主题讨论，可引导学生围绕跨文化主题开展深度的、个性化的、创造性的思考，并使用英语相互分享自身对相关跨文化交际主题的见解，从而深化其对学习主题的认知，同时相互启发，促成每个学生对相关主题的多角度认识。在跨文化交际课程的课上教学中，可设计跨文化交际案例分析，跨文化情景交际演练等任务。案例分析任务的引入，有助于学生在共同剖析和解读案例的过程中调动课前所学的中西文化差异知识，以及跨文化交际策略，在应用知识的过程中，提升自身的跨文化意识，以及灵活应用跨文化交际策略的能力。跨文化情景交际演练任务的设计有助于引导学生在精心创设的跨文化交际情景中，亲身参与和体验跨文化交际的过程，通过应用前期所学知识完成各项交际任务，有效锻炼和提升自身的跨文化交际技能。

第四节　英美文学高校教学和双向互动跨文化意识的培养

英美文学课程可以提升本科学生的跨文化交际能力是英语教育界的共识。英美文学课堂教学展现在学生面前的是典型的西方文化，在培养学生跨文化意识方面具有不可替代的作用和优势。然而跨文化交际是一种双向活动，需要母语文化和目标语文化的相互交流。文学是文化的重要组成部分，利用英美文学课程引入比较文化的视角，让学生在通晓英语文化的同时了解中国文化，加强学生对中西文化差异性的辨识敏感度。促进他们双向互动跨文化的意识成长，把他们培养为对外交流活动中合格的交际者，在全球化交流愈发频繁的今日，英语教育专业对英美文学课程提出的新要求。

一、英美文学教学中的单向文化导入现象

英美文学是英语语言艺术与西方人文精神的合成体，英美文学教学可以提高英语专业本科生的文化素质教育，培养人文精神，促进跨文化交际能力。多年来，我国的英美文学教学基本上是对传统英美文学课程的完善，在单向文化导入的大背景下进行，如在以文学史为主的英美文学课程教学中，让学生对西方文明的起源、西方社会历史的变迁、西方意识形态的变化有一个整

体的认识，如通过对英美文学作品的解读和赏析，让学生学习到作品包含的文化内涵和反映的西方思维方式和价值观念。这种教学模式里没有任何汉文化的介入，包含在这种传统英美文学课程教学中的文化教学是一种单一性的英语文化的导入教学，是以割裂中国文化学习与英语文化学习的联系为主要表征的。从提升学生的跨文化交际能力这个层面看，这种"单向"输入文化模式提升的是学生的单向跨文化交际能力，因为它只强调对英语文化的理解，而作为跨交际主体的另一方——中国文化始终处于英美文学教学中完全缺席的状态。

二、英语专业教学中的双向跨文化意识培养

双向跨文化意识是指不同文化背景的人在进行交际时对文化差异有着良好的感知和辨识能力。一个具有良好的双向跨文化意识的交际者因对交际双方的文化背景都有足够了解，对两种文化的差异或冲突有正确的认知，能够保证他和异质文化者交际时能进行积极有效的沟通交流。

近几年来，随着中国在全球的影响力大幅提升，中国在对外交流上的"文化自信心"越来越强，这让中国英语学界开始关注英语教学中双向跨文化交际能力培养的重要性。2013 年，赵海燕在发表的《论我国英语教育跨文化意识的双向成长》中，首次提到语言教学中应该注重学生跨文化意识的双向成长，指出我国英语教育呈现跨文化意识的双向成长，是底蕴相当的异质文明间冲突和调适的历史逻辑的必然。2015 年，孙洁在她的《论英语教学中双向跨文化交际意识及能力的培养》一文中特别指出中国学生在国际交流活动中表现出的"中国文化失语现象"是由于中国英语教学一味注重英美文化的输入而忽视本土文化意识的培养。毫无疑问，对英语专业学生双向跨文化交际能力的培养成为英语专业教育的必然趋势。

三、英美文学教学和双向互动跨文化意识的培养

英美文学课程的本质决定了它的文化教学属性。文学是对历史文化的生动记录，一部文学史就是一个民族的变迁史，而文学作品又往往是一定时期社会生活的反映，揭示某个社会发展阶段的现实。只要改变英美文学课程中单向文化导入的教学模式，加入比较文化教学模式，即在教授英语文化的同

时兼顾汉语文化，以英为主，以汉为辅，必然能促进英语专业学生的双向跨文化交际能力。

一直以来，英美文学都是英语本科专业课程体系的核心课程。2000 版《高等学校英语专业英语教学大纲》规定，《英国文学》和《美国文学》属于课程设置中的高年级专业知识必修课程，《英美文学史》属于高年级专业知识选修课程。在很多人看来，英美文学课程只包含《英国文学作品选读》《美国文学作品选读》《英美文学史》这几门核心课程。但事实上，广义范围内的英美文学课程还包括古希腊罗马神话、圣经故事、英语诗歌、英语小说、英语散文、英语戏剧等。纵观全国外语本科院校，不少英语系都会从二年级开始有序地开设除英美文学核心课程外的广义范畴内的英美文学系列课程，如某大学英语语言文化学院开设的六个专业方向就全部开设英语诗歌、英语小说、英语戏剧、希腊罗马神话等选修课程，北京大学英语专业开设希腊罗马神话、美国短篇小说、圣经释读、英诗选读等课程。我们会发现，如果在这些课程中教师有意识、有体系地穿插比较中西方文化的视角，展现给学生的将是一个非常完整而又脉络清晰的中西方文化差异知识体系。

以《英国文学史》课程为例，它讲述英国文学史不可避免要涉及大不列颠发展史，在英国文艺复兴前的 1600 多年里，大不列颠经历了三次入侵：公元 1 世纪中期的罗马人的入侵；5 世纪中期盎格鲁 -- 撒克逊人的入侵；11 世纪中期的诺曼征服。如果教师讲述英国发展的不同历史时期时引入对应的中国古代时期——东汉中期、魏晋南北朝和北宋，学生就会很自然地形成一种中西文化的对比观。同理，在希腊罗马神话课程中加入《山海经》叙事，在讲授英语戏剧的同时展示中国戏曲的历史和经典剧目介绍，在英语小说发展脉络中加入中国章回体小说的特点描述，讲授英语诗歌时试着让学生对英诗的格律韵式和汉诗平仄规则做对比。久而久之，学生就会有主动感知文化差异的意识，从而提高双向跨文化交际的能力。

英美文学教学中引入中国文化改变了以往以理解英美文化为出发点，以单向接受和理解为目标的教学模式，加入了中国的文化立场和文化视角。这就要求授课教师对中西文化都有较高的修养，对课堂的科学设置提出新的要求，即英美文化和汉文化两者的介入要在授课时间、教学内容上达到平衡，既要把双向跨文化意识的培养渗入其中，又不能喧宾夺主，太过突出汉文化的讲授。

综上所述，通过英美文学教学，有意识、有体系地展现给英语专业学生完整清晰的中西方文化差异知识体系，增强他们对母语文化的自我认同感，培养开放、自信的双向跨文化交际情感和意识，对于提高他们的双向互动跨文化交际能力无疑具有积极的影响和作用。

第五节 "跨文化交际"课程对于构建高校英语文化图式的指导

英语被定位为外语，在课程教与学的过程中重点一直偏向于语言结构本身的教与学。也就是说，英语语言教学总是难以避免将英语的词汇、语法及发音等语言显现的基本要素列为学习重点。然而，语言与其产生的社会有密不可分的关系，并必须与社会保持一致性，才具有实用性和延续性。由此，有关于社会的一切背景知识都应成为学习一门语言应具备的知识储备。文化背景知识的学习在大学英语教学中尤为重要。这一阶段的外语学习主要目的是使英语成为一项有实际交际应用效能的语言工具。这一点在大学英语精读、听力、写作等教材中都有要求及体现。要达到这一目的，语言的文化因素就不可忽略。而实际上，英文体现的西方文化与中国文化有着明显的差异。本书主要探讨在图式理论基础上，通过"跨文化交际"课程，引导学生建立文化图式，在英语学习中有意识地避免因中西文化差异影响英语语言的学习，克服交际障碍。

一、文化图式——源于图式理论的认知模式

图式一词早在康德的哲学著作中就已出现。现代图式理论是在信息科学、计算机科学深入心理学领域，使心理学中关于人的认知的研究发生深刻变化后于20世纪70年代后期发展起来的。在众多图式理论研究者中，皮亚杰提出了"同化"和"顺应"这两个重要概念。图式是在以往经验的旧知识与新信息相互联系的基础上，通过"同化"与"顺应"形成的，是以往经验的积极组织。图式不是被动地接受信息，而是积极地把新信息同图式表征的旧知识加以联系。每个图式在发展过程中均受到同化作用和协调作用而发生变化。图式有简单和复杂、抽象和具体、低级和高级之分。低级的图式通过同化、协调、平衡逐渐向层次越来越高的图式发展。"同化"就是把外界的信息纳入已有图式，使图式不断扩大。"顺应"则是当环境发生变化时，原

有的图式不能再同化新信息，而必须通过调整改造才能建立新的图式。

图式理论的发展及应用改变了中外学者对语言理解的传统看法，揭示出语言理解是一个在信息输入过程中同时与人们头脑中有关世界的知识，即与已存知识产生共鸣、动态交互的"同化"和"顺应"过程。在学习语言时，语言的激活点能有效激活相应图式，并与直接语境内容相符，或有意识主动地调整改造，建立符合语境的新图式，语言学习就可以有效完成。

在近年来的英语教学研究中，图式理论已成为一个基础理论。在这一理论基础上，文化图示越来越受到重视。文化图示指一切与文化相关的背景知识，包括一个国家的社会生活、经济生活、文化教育科技和人类自身发展等相关的风土人情、习俗、民俗等内容相关的知识结构。在文化图式中，图式是大框架，框架承载的内容就是文化。

二、文化图式在英语教学过程中的作用

语言是人类一般认知能力的结果，而非仅限于那些只适用于语言自身的特殊性原则。人的语言行为必然带有所处文化背景的印记。胡文仲先生认为："只学习语言材料，不了解文化背景，犹如只抓住了外壳而不领悟其精神"。由此，在理解外来语言时，学习者应具备对于英语语言承载的文化认知能力，即根据图式理论，在语言理解过程中文化图式的输入需要激活学习者头脑中与之相关的文化图式。

英语与中文这两种截然不同的语言体现的不同文化图式可以归纳为三种：一种是概念和现象独属一种语言的图式，即缺省文化图式；二是同一种现象和概念在两种语言中对应不一样的文化图式，即冲突性文化图式；三是一种概念在两种语言中对应一致的文化图式，即重叠的文化图式。通过充分利用第三种文化图式，克服前两种图式带来的语言学习障碍，建立文化图式的教与学模式，使学习者在教学工作者的指导下，主动构建和"同化"文化图式，并不断进行"顺应"及完善。要达到这一教学目的，就需要不断接触目标文化，同时与母语文化进行比较，从而激活已有图式，同化新信息，创造建立新图式。大学英语课程设置中，跨文化交际课程的目的在于：明确文化因素对于跨文化交流的影响并提高跨文化意识和习得成功进行跨文化交流的基本技能，即明确语言与文化的关系。这一课程特点相对于其他专业课程，在教学中能更系统地指导学生践行文化图式理论的教学模式。

三、跨文化交际课程与文化图式的构建

改革开放以来，"国际化""与国际接轨"等字眼已成为中国常用词汇，亲身接触异国文化环境中的人和事，与国际人员的经济文化交往也日益增多。高校学生，尤其是英语专业的学生是将来进行国际交流的主体，因此，他们在学校学习各种专业知识的同时，也应该初步掌握一些外国文化与跨文化交际的知识，以提高自己的综合素质。但是，总体来说，各级各类高校的英语教学，基本上还是强调语言知识和技能的传授，较少涉及文化与交际的内容，以至于有不少学生会误解，认为学会了英语语言知识，在阅读、听力、写作等方面有不错的成绩，就具备了使用英语进行有效交流的能力。国际社会的复杂性和文化的多样性表明有效的交流不仅仅是语言技巧问题，还涉及许多文化因素。近几年来，在大学英语专业的各种课程教材中，也增加了文化知识点，但是在实际授课中还是会被忽略，相应的外国文化与跨文化交际的意识培养和知识讲授，主要是由跨文化交际课程承担的。

不同的国家、民族都有不同的历史渊源和社会习俗，由此形成了特定的文化背景，特定的文化背景造就不同的价值取向、思维方式、社会规范、语用规则。这些因素使得不同语言使用者在交流时存在潜在的障碍，即文化冲突造成的障碍。用英语进行交流，语言表达不好产生的误解是初级的、容易克服的。沟通的目的在于让对方理解你要表达的"intended message"，即你要表达的意思，而不是你所说的话。这一目的就是跨文化交际学科研究和课程目标。在大学英语专业课程中，跨文化交际课程对中西方文化进行较为全面的展示和对比。在这个框架下，应用文化图式理论，可以纯粹地比较中西文化的"异"与"同"并转化成系统的"同化"与"顺应"，有助于学习者对两种文化现象进行分析、归纳，从而在母语文化图式的基础上激活相应的目的语文化图式。

四、基于文化图式构建的大学英语教学

在大学阶段，英语学习者已经有了较好的英语语言基础，即基本词汇量和语法。在该阶段，对于英语专业的学生来说，目的是要提高语言使用能力。英语的听、说、读、写不外乎对于字词、句子和篇章的理解和运用。通过不

断记忆和操练可以达到一定的效果，而突破性的成就在于对语言文化知识的掌握。在教师的指导下有意识地逐步建立和完善语言的文化图式，可以更有效地实现这一目标。通过跨文化交际课程，学生了解文化对于英语字词、句子和篇章的重要性，促进学生进行中英语言文化图式的比较、分类及整合。

跨文化交际课程的教学内容中，语言与文化的关系首先通过文化词汇这一最显现的现象来展示。由此，通过文化词汇的比较分析，更容易使学习者对两种语言的文化图式有直观的理解。"文化词汇"是指在特定文化范畴中，直接或间接反映本民族文化的语言词汇。对于词汇意义的研究通常从"指示意义"和"隐含意义"两方面进行。中英文化词汇的"指示意义"和"隐含意义"对应可以分成三种：①"指示意义"和"隐含意义"都相同；②"指示意义"相同，"隐含意义"不同；③"指示意义"相同，而"隐含意义"不同。英语与中文这两种截然不同的语言中文化词汇的对应，正体现它们三种不同文化图式：图式重叠、图式冲突、图式缺省。图式冲突和图式缺省，也就是"指示意义"和"隐含意义"都不同，"指示意义"相同，而"隐含意义"不同的文化词汇是激活外语学习者的障碍。例如，如果听到或看到一位英国人说"It's May 13."，学习者的直接图式反映除了"13 日"，没有更多的内容。而实际上"13"在西方基督教文化中意味着背叛、出卖和不祥。"龙"在汉语中毋庸置疑有着高贵的含义，然而其对应英文词"dragon"在西方传说中却代表邪恶。

通过这些简单、易懂，甚至有趣的文化词汇，再进一步对句子使用规则反映的中西思维逻辑，以及篇章主题体现的价值观念等社会文化方面形成图式，引导学习者运用文化图式对英语语言进行分析、整理和理解，更有效地掌握英语的使用能力。例如，英语专业学生使用的精读教材《E 英语教程 2》的第一单元文章题目为"Football——the game of life"，这一篇文章主题不容易引起学生的共鸣，甚至妨碍理解。其原因就在于足球对于英美国家来说是全民性的，足球的规则意味着他们的社会生活规则。

基于图式理论和文化图式对于语言学习的重要性，跨文化交际课程在构建大学英语文化图式教学中具有指导性作用。人类文化具有差异性和大同性，母语文化是学习者已经具备的文化图式。将文化图式理论与该课程相结合，在课程框架内建立文化背景知识模块，促进英语学习在语言学习实践中运用已有母语文化图式并发现中西两种文化的相通与差异之处，从而使学习者能够更准确地理解和使用语言。

第六节　非英语专业跨文化交际课程的建构主义教学模式

学习一门语言就意味着学习这门语言的文化。语言是文化的载体，也是文化的重要组成部分，即语言教学不能独立于文化教学之外。英语教学的最终目的不仅是培养学生对语言的实际应用能力，还包括学生的跨文化交际能力。2007 年的《大学英语课程教学要求》明确规定："大学英语是以外语教学理论为指导，以英语语言知识教学与应用技能、学习策略和跨文化交际为主要内容，并集多种教学模式和教学手段为一体的教学体系"。跨文化交际能力与外语教学密不可分，这是因为外语教学不仅传授语言知识，更重要的是培养学生的交际能力，培养他们应用外语进行跨文化交际的能力。由此可见，大学英语教学的一个主要目标就是培养学生的跨文化交际能力。目前，我国许多高校都已专门开设针对非英语专业的跨文化交际课程，对于这一课程的教学研究也属于较为重视的领域。笔者将通过建构主义理论（Constructivism）对非英语专业的跨文化交际能力培养教学模式进行反思，并倡导基于建构主义教学理论的培养学生跨文化交际能力进行的多元教学模式，从而有助于非英语专业跨文化交际教学活动的有效展开，同时提高学生的跨文化交际敏感性及其相应的应用能力。

一、建构主义及建构主义教学

建构主义（Constructivism）是认知心理学的一个分支，最早由瑞士心理学家皮亚杰（Piaget）于 20 世纪 60 年代提出，本质上是对学习的一种比喻，把知识获得比作建筑或建构的过程。后又结合维果斯基（Vygotsky）的社会心理学理论、奥斯贝尔（Ausubel）的意义学习理论、布鲁纳（Bruner）的发现学习理论，建构主义发展成了较为完善的体系，较好地揭示了人类学习过程的认知规律。戴蒙德和科拉对建构主义理论进行了较为系统的研究，总结出建构主义学习设计（Constructivist Learning Design）的六大基本要素，即创设情境（Developing Situations）、指出问题（Asking Questions）、搭建桥梁（Building Bridges）、组织协作（Organizing Groupings）、展示成果（Arranging

Exhibits）和反思过程（Inviting Reflections）。

不同于以"教"为中心的传统教学模式，建构主义教学模式是以"学"为中心，强调过程，以学习技能、自主学习、社会交际技能为主。传统教学观采用教师传授模式，学生是知识的被动接受者，而建构主义教学强调以学生为主体，认为学生是学习的主体，学习是一个能动建构的动态过程，是学习者自觉、主动的去建构知识意义的过程。教师不再只是知识的传授者，而是学生学习的组织者、指导者、促进者和帮助者。学生不再被动地接受知识，而是积极参与建构知识，突出学生的主体性和自主性。传统教学观以外在动机为主，强调结果。建构主义教学以内在动机为主，强调学习是主观的、动态的、情境的过程，重在发挥学生的自主性、能动性和创造性。建构主义还特别强调情境对意义建构的重要作用，认为学生的学习是与一定的情境相联系的，并强调协作学习对意义建构的关键作用，认为意义的建构是社会互动的结果。建构主义教学的特点是主动性、目的性、真实性、建构性和合作性。

建构主义理论自 20 世纪 90 年代起就在全世界引发了一场教育革命，在我国外语界也是如此，许多学者将建构主义运用到我国外语教学的研究中。如黄慧和王海采用统计学的方法调查了建构主义与我国英语教学相结合的状况，认为研究成果多为建构主义与多媒体网络技术结合，分布不均匀。丰玉芳则结合我国外语教学的特点，探讨了建构主义学习设计六要素在英语教学中的应用，提倡树立以学生为教学主体、以老师为主导的教育理念。司显柱以建构主义教学理论为视角，提出多元互动大学英语教学模式的建构，后又与赵海燕在对比分析传统和建构主义教学模式的基础上，阐释建构主义教学模式下大学英语课程的设计过程，论述其对于大学英语教学模式创新的意义。

二、非英语专业跨文化交际建构主义教学模式

与英语专业的学生相比，非英语专业的学生有着不同的特点和学习风格。一是英语基础较为薄弱，特别是听说能力普遍不强，知识层次参差不齐，在课堂教学中处于被动地位，不利于知识的吸收；二是英语课堂教学时间较少，课外也难以保证有连续足够的英语学习时间；三是英语学习动机不强，学习兴趣相对不高，尚未建立自主学习英语的意识。针对非英语专业学生的这些特点，在跨文化交际教学中，适宜创建轻松愉悦的课堂环境和采用符合其学习方式的教学模式，以提高学生学习的兴趣和建立学习的自主意识，促进学

生的自我发展，才能取得较好的教学效果。

结合非英语专业学生的英语学习特点，以建构主义理论为基础，提出非英语专业跨文化交际多元教学模式，即在课堂教学中，灵活运用直观介绍模式、对比分析模式、案例分析模式和实践活动模式等方法，以体现建构主义教学的主动性、目的性、真实性、建构性和合作性，其模式符合学生学习的规律，激发其学习兴趣，培养学生的跨文化交际敏感度和跨文化交际能力。

（一）直观介绍模式：体现建构主义教学的目的性和建构性特征

教师在跨文化交际的课堂中，可以利用现代化的教学手段，辅以视频资料、PPT、图片等多媒体进行直观教学，引导学生更加深刻地理解教材内容，增强学生的实际体验和感性认识。如笔者在给非英语专业的学生进行跨文化交际课程非言语交际部分的教学中，先提出这样一个问题要求学生思考，即"我们可否从一个人的肢体语言中发现真相？"基于问题学习是建构主义所提倡的一种教学方式，目的在于拓宽学生的思维。随后，给学生展示了美剧《别对我说谎》的一个片段，剧中莱特曼博士根据所审犯人的面部表情、肢体语言等蛛丝马迹推断出一定的信息，最终成功地获知了事实的真相。这时，学生已经对非言语交际产生了浓厚的兴趣，学习的积极性已被充分调动起来。接下来，笔者又使用 PPT 向学生展示了一些姿势、手势的图片，并加上生动的语言、动作、表情，将不同文化中的肢体语言差异形象地表现出来，有利于学生学习和模仿。如用食指和中指比"V"字，掌心面向对方，是"胜利"之意；手背面向对方，则是"下流"之意。大拇指和食指围成圈，其余 3 个手指竖起来这个手势，在不同的国家有着不同的意思。在美国，是"一切都好"之意；在日本和韩国，是"金钱"的意思；在法国，是"零，毫无价值"之意；在突尼斯，则是"我要杀了你"之意。配合着 PPT 上的图片，学生可以有直观的理解，并便于模仿。运用多媒体的便利，把教学内容形象直观地融入教学情景中去，调动学生参与交互式学习的积极性，在交互过程中完成对教学内容的理解、知识的应用和意义的建构，这种模式可以增强学生英语学习的兴趣，提高学习效率。

（二）对比分析模式：体现建构主义教学的目的性、真实性和建构性特征

在跨文化交际教学中，教师可运用对比分析中英文化差异的方法培养学生的跨文化意识。在教学中，也可用对比分析法教学生辨别中英语言差异，

如英语重形合、汉语重意合、英语常用物称、汉语常用人称等。对比分析法也可用于文化内涵词的教学，以帮助学生在新知识的学习过程中结合个人已有的知识来加深对事物的理解。笔者在跨文化交际教学中，对文化联想意义丰富的色彩词的讲解就使用了对比分析法。例如，红色在中国是喜庆的颜色，有着"幸福、开心、激烈、热烈"等意义，像"开门红""红人""红火""红榜"等。而红色在英语中则有着"狂热、残忍、灾难、烦琐"等贬义的联想意义。"see red"是"愤怒"、"catch somebody red-handed"是"当场抓获"、"red tape"是"官僚作风"。汉语中的"白"颜色引申指弄明白、空白、徒然、无代价等意义。如汉语中"白开水"指的是"plain boiled water"、"一穷二白"是"poor and blank"。而英语中"white"引申为吉利、纯洁、善意、清白等意义。如"a white lie"指的是"善意的谎言"。英语中和"white"连用的固定表达短语则有着特定的文化联想意义，并引入具体的例子来帮助学生认识色彩词在中英文语义联想上的差异。如当年中国的"白象"牌电池在销往国外时直接翻译成"white elephant"，结果滞销。这是因为"white elephant"在英语中指的是"大而无用的东西"，这样的商品当然不会受到人们的欢迎。通过对比分析教学模式，学生意识到文化内涵词在不同文化语境中会传递不同的信息，帮助学生在改造和重组原有经验的基础上主动建构新信息的意义，并对外部信息进行加工，对知识进行处理和转换，进行自我知识的建构，获得跨文化交际的文化差异敏感性。

（三）案例分析模式：体现建构主义教学的真实性和建构性特征

建构主义强调"协作""会话""情境"对意义建构的重要作用，其中"情境"是学生进行学习活动的社会文化背景，在真实的情境下，学生利用获得的学习资源，可积极、有效地建构知识。教师在跨文化交际教学中可利用真实的案例进行分析，以帮助学生建构相关的知识。笔者在教学不同文化中的年龄观时，也是从一个案例引出的。在英国纪录片《中国美食之旅》中，在英国长大的华裔女主持人问一位满头白发的中国厨艺老师："老师，您几岁啦？"这一问法不禁让对方发笑了。这时，笔者引导学生思考这样的问法有何不妥。事实上，这一语义表达无误的问句并不符合汉语的表达习惯，中国人遵从"尊老爱幼"，问年龄大的人习惯用"您高寿啊？"等说法以示尊敬。随后，引申到中西方不同年龄观的比较。西方人更看重青春，不喜他人问到自己的年龄，尤其是女士。类似的，不同文化的时间观比较，笔者也用到了案例分析法。

从美籍外教参与的一次活动说起，在约定好的时间，外教准时到达，而有些中国同事还没有到。外教抱怨说在中国经常会碰到这样的事，约定的时间到了，而无法出发，因为要等迟到的人。这时，笔者向学生引入不同文化的时间观比较，从本质上来说，美国遵循的是"单时制"（"Monochronic Time"）时间观，而中国遵循的是"多时制"（"Polychronic Time"）时间观。遵循"单时制"的文化严格遵守约定的时间，看重守时，如北美、西欧等地区。而大部分亚洲国家、阿拉伯国家等则遵循"多时制"，对待时间是较随意、以人为主的方式，不严格遵守约定的时间。这样通过分析真实的案例模式，可以帮助学生以自己的经历经验为基础构建新信息的意义，在学习过程中进行新旧知识的有机结合，从而建构获得新的知识。

（四）实践活动模式：体现建构主义教学的主动性和合作性特征

建构主义强调学习者不再是被动地接受知识而灌输的对象，而是在学习过程中积极主动地去探索、发现，是主动参与信息加工的主体和知识的主动建构者。并且，建构主义还重视学习的协作性，认为应该在交互协作中建构全面的语言意义，完善和深化意义的建构。在跨文化交际教学中，教师可采用多种实践活动模式以调动学生学习的主动性、积极性、创造性。如笔者在给非英语专业学生进行跨文化交际课程教学时，依据学生自愿的原则给学生分了小组，每组由 4 ~ 5 名成员组成。并给每一组都布置了小组展示（group presentation）的任务，每一组都有一个不同的讨论话题，如中西方校园文化、中西方婚俗礼仪、中西方着装要求等，要求每一组在课堂上向全班同学展示所搜集的资料和讨论的结果，每一位成员都要参与其中发言。每一组基本上都采用了 PPT 课件、准备了发言提纲等，小组成员相互合作，共同配合完成了展示的任务。学生通过完成这样的学习任务，对中西方习俗和相关文化背景知识有了较为全面的了解，并在这一过程中，学生从传统的知识被动接受者转变为主动积极的意义建构者和展示者，不但学习热情得到了激发，学习的创造性也得到了发挥。除此之外，笔者还给学生布置了角色扮演（role play）的任务，如去外籍老板家做客这一现实生活情景模拟，要求学生使用预约、打电话、打招呼、称赞、送礼物、寒暄、吃饭、告别等跨文化交际日常用语，激发学生的学习兴趣，加强学生对文化知识的实际运用，提高跨文化意识，增强跨文化敏感性和跨文化交际能力。其他的课堂实践活动还有小组合作（team work）、结对活动（pair work）、模拟讨论（simulation seminar）等，都获得了学生的好评。

从学生的反馈意见中可以得知建构主义教学模式得到了学生的肯定。学生普遍认为，在跨文化交际课程中采用基于建构主义的多元教学模式，使得课堂氛围变得轻松、有趣，通过老师和同学的互动，学生有更多的机会参与到课堂活动中，不仅增强了学习英语的兴趣，还拓宽了知识面。在建构主义教学模式中，教师是教学活动的组织者、指导者、促进者、帮助者，学生是知识意义的主动建构者。在教师和学习同伴的帮助下，学生充分地发挥学习的主动性、积极性、创造性，有效地实现对所学知识的意义建构。

建构主义符合人类认知的规律，强调学习的过程，以学生为主体，以"学"为中心，重在培养学生的内在动机和学习兴趣，鼓励学生发挥积极性、主动性去探索、发现，利用一切方法和资源去建构自己的知识。笔者以建构主义为理论基础，探讨非英语专业跨文化交际能力培养的多元教学模式，针对非英语专业学生自身的特点和英语学习方式，在跨文化交际教学中，灵活运用直观介绍模式、对比分析模式、案例分析模式和实践活动模式，其模式体现建构主义教学模式的特点，符合学生学习的规律，激发学习兴趣，提高跨文化交际能力。

第七章　英语教学中的跨文化交际能力培养

第一节　跨文化交际能力培养的认知体系

跨文化交际能力的认知层面包括目的文化知识，以及对自身价值观念的意识。对许多教师、学者来说，跨文化交际能力主要是指在目的文化情境中适宜地使用目的语的知识，调整自己的感知、理解和表达的习惯，用一种新的视角去看待世界，由此形成对世界的新的体验的能力。相对于跨文化外语教学来说，认知就意味着教学理念、教学目标、教学中看似矛盾的各种关系的处理以及教学原则等的确立。

一、树立正确的教学理念

外语教学中跨文化教育的开展应首先注重观念更新、认识提升。目前，跨文化教育的相关思想在我国外语界仍是比较前沿的理念，国家教育行政部门作为教育相关政策的制定机构，对跨文化教育的理解和解读将直接影响到我国跨文化教育开展的效果。由此，教育行政部门的专家和领导应该借鉴、比较欧美国家的跨文化经验，从战略高度审视跨文化教育所具有的时代意义，明确其目标和内涵，确定符合我国国情的跨文化教育目标、原则和方法，为外语教学提供依据、明确方向。

跨文化教学中，教师首先要更新自身的教育理念，要始终坚持"语言教学与文化教学有机结合"，要从语言学习、语言意识、文化意识和文化经历四方面相互联系并同时入手，充分发挥母语文化在文化学习中的作用。其次，外语教师不能仅满足于做一个传授语言知识的"教书匠"，还应该努力成为一名"会通中西"的学者型教师。我国著名学者吴宓、钱钟书、叶公超等人之所以声名显赫、受人敬仰，不仅仅因为他们的外语水平高超，更重要的是，他们学贯中西，人格俊逸，文、史、哲无一不通，可谓传统意义上的大师级通才。除教师教学理念的更新、自身素质的提高外，外语教学中文化教学的理论框架作为重要的课题也必须进一步明确，深入研究和探讨。

近年来，体验式英语教学作为一种全新的教学理念和教学模式受到越来越多英语教学研究者的关注。体验式学习理论的完整提出，当属 20 世纪 80 年代美国人 David Kolb。Kolb 在总结了 John Dewey、Kurt Lewin 和 Piaget 经验学习模式的基础上，提出自己的学习经验模式。1984 年，Kolb 发表了《体验式学习：作为知识与发展源泉的体验》一书，系统阐述了体验式学习过程。他认为经验学习过程是由四个适应性学习阶段构成的环形结构，包括具体经验、反思性观察、抽象概念化和主动实践，确立了著名的 Kolb 体验学习理论。在 Kolb 看来："学习是体验的转换并是创造知识的过程"，也就是说在学习过程中学习者把体验到的内容消化、吸收，内化成为自身具备的知识并在实践中加以运用、检验。Nunan 认为体验式学习理论的提出对教学产生了深远的影响，其中在教学理念上引发的变化，就是教学模式由原来的知识"传授式"转向了"体验式"。

基于体验式学习理论的教学模式，要求教师根据教学内容有目的地创设生动、逼真的教学情境，使学生在较为真实的环境中有效获得所学内容，使其理论知识、应用知识得以扩展，技能、技巧得以提高。通过直接接触学习内容，学生能够亲自实践和体验，在自由独立、情知合一的情境下，培养实践创新的能力。体验式教学模式的核心就是体验直接经验。

建构主义理论是体验式英语教学理论的发展基础。建构主义把学习看作一个建构的过程，该理论要求学习者在学习中要积极主动，发挥主体作用。建构主义强调学习者的中心地位，教师在整个学习过程中应该是学生意义建构的协助者、促进者，而不是知识的提供者和灌输者。建构主义从教学方法来看多种多样、各有不同，但教学环节中含有情境创设和协作学习却是其共性所在，学习者不是简单被动地接收信息，而是基于情境创设和协作，最终主动地实现自身对所学知识的意义建构。与以往以教师为主导的知识传授式教学模式相比，体验式教学模式更加突出强调以学习者为中心，认为自主学习十分重要，它更贴近学习者"内化"的学习认知规律。真实语境的创设和模拟能够激发学生的学习积极性和参与体验的热情，使学生在真实语言的感受和体验中，发现语言的应用技巧和使用规则并应用于语言实践。这一理念反映了当代外语教学理论的新进展，既符合以往交际教学法的原则，又体现了"任务教学法"的特点。除此之外，体验式教学不受时空限制，多媒体、网络教学资源为体验式学习创造了更丰富的体验。利用多媒体和网络，体验式教学增加了学习过程中的趣味性，学生的感官和思维也受到刺激和激发，使学生积极、主动、快乐地学习并记忆语言文化知识。

文化不是一成不变的，不是一个静止的概念。文化是动态的，是随社会的变迁而变迁的。以往发生的事情会影响语言表达的含义，语言的意义也会对未来事件产生影响，未来的经历又会影响到具体的语言意义，这是一个周而复始的过程。在社会进步、发展的同时，世界各民族的思维方式、价值观念、生活方式、社会规范等各个方面也都在发生着重大变化。因此，外语教学过程中，教学的重心不应再是以教师为中心的知识的灌输，而是应以学生为主体，加强学生的文化学习体验，培养学生自主学习、积累文化知识的能力，注重培养学生文化敏感性，提高学生应对文化差异的主动性和自觉性。

因此，要确保跨文化教学的理论研究形成体系，以全新的教学理念、清晰的教学思路促进课堂内外的跨文化教学，应在各个方面采取措施，加深教师对外语教学中跨文化教学的认知，使其更好地投入跨文化教学。

二、明确合理的教学目标

教育部制定的《大学英语课程教学要求》明确了大学英语课程的教学目标是培养学生的英语综合应用能力。这一目标不同于以往重知识传授、轻知识运用，重知识点记忆、轻能力培养、重阅读、轻听说写的倾向，这一目标的确定将我国大学英语教学的标准提高到了一个新的境界，交际意识和文化能力也逐步得到重视。

跨文化教学的目的在于培养学生具有社会认为得体的语言和方式进行交际的能力。学生必须了解目的词语所包含的丰富的文化内涵，以便于掌握语言的使用规则。经验表明，与结构规则相比，语言的使用规则更为重要。仅靠正确的语音、语调、语法并不能保证交际的有效进行。通过跨文化教学，学生不仅可以了解生活在目的语文化中的人们是如何观察世界、对待事物的，而且能够了解他们如何用语言来反映他们的社会思想、习惯和行为方式，从而学会用其得体的语言和方式进行交际。

除了对目的语的应用能力外，异域文化的敏感性和容忍度在很大程度上决定了跨文化交际能否成功。学习者要了解异域文化下的思维习惯、认知模式、合作态度等，同时还需对交际对象的文化背景、风俗习惯保持敏感和包容态度。在交际过程中，学习者往往容易从自身文化视角去审视他国文化，而不去探索文化背后的深层意义。使学生通过直接学习、直接经验，以及参加培训项目等经历，加深对隐藏文化内涵深层的理解，站在对方角度去看待他们的文化，提高学生跨文化交际的敏锐度、宽容性和处理文化差异的灵活性，从而实现跨文化交际的成功。因此，提高学习者批判吸收外来优秀文化、弘扬优秀传统文化的能力，提高他们融会贯通中外文化的能力尤为重要，这既是中国外语教学中文化教学的发展趋势，也是跨文化外语教学的最终目标。

培养跨文化交际能力成为我们新时代英语教学的目标，这一目标的确立体现了英语社会功能的进一步演变，顺应了当今世界政治、经济、文化等的发展趋势，同时也是外语教学服务社会的需要。这一新的教学目标的实现要求我们更新外语教学观念，改革外语教学体系。

三、正确处理大学英语跨文化教学应面对的三种关系

（一）本土文化与英语文化的关系

在经济全球化的时代，英语被认为是全球化语言。作为全球通用的语言，它应该具有两个层面的意思：第一，它由全世界英语使用者共同享有；第二，它包括各种地域、文化特征的本土化的英语表达形式。

中国是世界上英语学习大国，对于中国英语学习者而言，学习英语一方面是为了了解世界，同时也希望通过英语这个媒介，让世界来了解中国。因此，英语交流是双向式的，但是在我们现实的生活中，英语（主要指的是英美）文化对中国社会文化产生了重要的影响。比如象征着美国饮食文化的麦当劳、肯德基遍布中国大部分城市，引领时尚的美国流行音乐以及好莱坞影片备受青年一代的青睐，西方传统的节日如圣诞节、情人节开始在社会上盛行，甚至连英文名字也与一个人的社会地位有了某种联系等。

在强调英语文化和价值观的同时，中国传统文化的学习被逐渐地淡化。由于中国本土文化的欠缺，使得中国英语学习者在表达中国特有的文化思想上存在困难。因此，如何处理好英语教学中传统文化与英语文化的关系是值得我们思考的问题。

（1）重视学生的母语和母语文化的学习。"语言反映一个民族的特征，

它不仅包含着该民族的历史和文化背景，而且蕴藏着该民族对人生的看法、生活方式和思维方式"。对我们中国人而言，汉语是我们的母语，通过母语的学习，我们形成汉语的思维方式，我们传承和发扬具有自己特色的文化。

（2）承认"中国英语"存在的客观性，并使其达到国际交流的目的。英语是世界性的语言，世界各地出现不同类型的英语变体，"中国英语"就是其中之一。但是在使用"中国英语"时要注意以下几点：第一，使"中国英语"具有可接受性。中国人在使用英语的时候应尽量地使之合乎英语语言的使用原则，使之为英语国家的人所接受；第二，要会用英语表达具有中国特色的文化，如清明节、洋务运动等；第三，如果在交际中出现与英语本族文化冲突的现象，要尽量地经过交流使之达到被英语为母语的人所理解，从而达到国际交际的目的。

（3）在英语教材的编写上，要适当地加入介绍中国文化的英语素材，而不是全盘搬用体现西方价值观和文化观的素材。在英语课堂教学过程中，教师可以适当利用母语，有意识地对比分析母语和目的语之间的语言形式和文化背景，比较两种语言文化的异同点，加深学生对不同语言文化的理解。要积极地利用母语对英语教学的正迁移作用帮助学习者更好地掌握英语。

总之，在全球化时代，在我国英语教育中要平衡英语文化与中国传统文化的关系，在引进西方文化的同时，不能忽视通过英语或者"中国英语"来保护我们的文化和向外宣传我们的文化的机会。英语具有双向文化交流的功能，英语学习者可以通过英语学习培养跨文化交际能力和国际的理解能力，最终在全球多元的社会中生存、发展。

（二）英语功用性与人文性的关系

语言是交际的工具，更是人类文化的主要载体，是人类文明的集中体现。因此，英语具有功用性与人文性的双重价值。一方面，英语是人们用来认识世界、改造世界，进行交际交往的工具，具有功用价值；另一方面，英语又是人类用来进行文化传承、人文教育、人格塑造的途径，具有人文价值。学生通过人文知识学习语言和语言学习人文知识，在潜移默化中受其感染、暗示、引导，逐渐实现心理积淀，形成质文相宜的人文素质。英语之所以在中国社会流行，主要是它非常具有使用价值。一个人的英语水平如何，直接与他的升学、留学、就业、职务职称晋升有着密切的联系，有时甚至与一个人的社会地位相关。在一个竞争激烈的商业化的社会，"由于经济的快速发展，追求财物已成为社会的普遍价值。人们更倾向用急功近利的标准来衡量事物与行为"。在此背景下,中国人学习英语热潮呈持续状态,很多人急于求成来达到应试或求职的目的。实用性在学校的英语教育中占有重要地位,甚至在高校英语语言文学专业教育中也出现了"强调实用性课程,淡化语言文学课程"的趋势。北京外国语大学张中载教授曾尖锐地指出,在外语本身的功能性和市场经济功利的支配原则的影响下,外语教学极易倾向重"制器"轻"育人"、重"功利"轻"人文"。因此,学生的人文修养、人性的丰厚养育及提升,更是我们急需面对的。陈平原教授认为,大学的意义,不仅仅是科技进步,还包括精神建设。

考试和量化可以用来衡量外语的知识和技能,却难以用来判断学生的人文素养。英语功用性的一面不可否认,但是不能忽视其人文性的一面。英语的功用性是紧密与社会的经济利益对等的,而整个社会是一个复杂的整体,包括政治、经济和文化诸多方面的内容。

在经济全球化背景下,各种文化相互撞击、融合,中国与外面世界的交流是全方位的,在交流过程中文化起着重要的作用。而英语本身就是一种文化,一种英语国家的历史传统与现实场景相联系的文化。正如美国语言学家 Kachru 所说的"一个国家的语言、文化和教育是相互联系的,如果无视特殊的文化背景和国情,孤立看待语言问题会丢失语言的整体性"。

诗人艾略特曾一针见血地指出:"个人要求更多的教育,不是为了智慧,而是为了维持下去,国家要求更多的教育,是为了要胜过其他国家,一个阶层要求更多的教育,是为了要胜过其他阶层,或者至少不被其他阶层所胜过"。

英语教学不仅仅是强调语言技能的教学,更应该是重视英语文化内涵的理解,培养学习者的跨文化意识、跨文化敏感性、跨文化的价值观以及国际理解能力等。21 世纪是一个全球化、多元文化共存的时代,作为现代社会的公民应该学会与来自不同社会背景、文化背景、不同政治制度国家的人相处,而英语是全球化的语言,英语学习的主要目的之一是为了理解异国的文化与社会,了解世界和中国文化的差异,拓宽视野,促进个体在多元文化的社会中生存与发展。因此,在跨文化教学的过程中,要提倡拓展英语文学、文化课程的开设,强调运用人文意识引导法、人文品格分析法等方法对学生进行人文素养的渗透,使得英语教学中的功用性与人文性相统一。

（三）语言教学与文化教学的关系

早在 20 世纪 70 年代，Kenneth Chastain 就指出，外语教学中要考虑文化教学，原因有二：第一，和另一种语言的人进行交往的能力，不但依赖于语言技能，而且依赖于对文化的习惯和期望值的理解；第二，跨文化理解本身也是现代教育的一个基本目标。如果学习一门外语没有领悟其深厚的文化，那么，所有的努力都是徒劳的。无论是哪一个民族的传统文化与生活方式、民族心理和宗教信仰，乃至各种特定的思维模式，均依赖于语言才得以成形、积累、发展和传承。

语言与文化息息相关。语言学习的过程也是文化学习的过程。一个民族的语言总是反映和表达这个民族的文化，不学习文化，也就很难学通语言。从语言和文化的关系来看，语言承载着文化，同时又是文化的重要组成部分。民族语言与民族文化一一相对应。语言与文化血肉相连，互相影响、互相作用，难解难分。

不了解文化就难以理解语言，要理解文化又必须要有良好的语言做基础。只有扎实的语言基础，才能理解和体验语言中所蕴藏的深刻文化内涵。对于语言文化是不可分割的一部分，学生的理解也比较一致。

从目前大学英语整体的教学情况来看，语言与文化这种相辅相成的关系还是有失平衡的。教师对语言的"工具性"强调得过多，在实际的教学计划、教学设计和教学要求中，忽略了语言不可能孤立存在的这一事实，人为地削弱了文化教学，将语言与文化或文学加以隔离。长期以来，此种教学模式导致学生将学习重点放在语法、词汇和做相关的考试型的练习上，而对语境下的篇章理解和听说交际能力普遍表现薄弱，因此，正确认识和处理语言教学与文化教学的关系尤为重要。

第一，语言教学与文化教学的过程是同时共进的。教师在语言教学的同时也必须进行相应的文化教学，表现在语言学得和习得机制与文化学得和习得机制是协调一致、同步进行的。正如盛炎指出，在第二语言的学习过程中往往会形成一种"自我疆界"，第二文化学习的目的就在于要超越这种"疆界"，或者使这种"自我疆界"得到扩展，达到消除这两种文化接触时所产生的障碍的目的，使学习者能够设身处地地站在以目的语为母语的人的位置上，思考问题、处理问题、解决问题，达到真正移情的理想境界，获得全新的"自我认同"。

第二，语言教学与文化教学具有相互依存性，互为条件、互为补充。要了解一种文化必先了解其语言，要了解一种语言也必须要了解这一语言所赖以生存的文化。因此，离开语言教学的文化教学就会成为"无米之炊、无本之源"。脱离文化教学的语言教学内容势必枯燥、乏味，无法激发学生应有的学习兴趣。从能力培养方面来看，单单讲授语言知识而不进行相应文化知识的教学，学生只能具备最为基本的语言能力，而不能得体、有效地运用语言，成功地进行跨文化交际，达不到提高跨文化交际能力的目的。从培养机制来看，文化教学以语言教学为基础和前提条件，同时又对语言教学起着"反拨"与检验的作用，能够促进语言教学、夯实语言基础、提高交际能力。文化教学能够拓展语言教学的深度和广度，有效提高语言教学的质量。

第三，语言教学和文化教学相互兼容，不可分离。语言和文化融合为一体的事实使我们相信，无论我们采用什么语言教学方法，都会自然而然出现文化教学。现代教育理念认为，外语教学只有把语言教学与文化教学合二为一，才是现代意义上的真正的教学。国内学者李润新曾用化学公式形象地把语言教学与文化教学之间相互兼容、彼此融合的关系表达为：语言＋文化＋教师（催化剂）＝语言交际能力（有机化合物）。

只有语言教学与文化教学有机结合，才能达到外语教学的最终目的，使学生在教育的过程中真正获得跨文化交际能力。

第二节　跨文化交际能力培养的情感体系

跨文化交际能力的情感层面包括对不确定性的容忍度、灵活性、共情能力、悬置判断的能力等。为了能够愉快有效地进行交际，跨文化外语教学必须注重培养学生对异国文化的兴趣，使他们乐于了解外国文化，要以开放、欣赏的态度对待异国文化。因此，跨文化外语教学不能像以前那样单纯地把目的语文化导入到教学中，而是要进行双语文化的交叉交际教学。学生不仅仅要了解目的语文化和母语文化知识，更重要的是他们要学会如何运用英语表达这些文化，使他们已经掌握的文化知识内化、生长为他们自己独有的、具有个性化的精神财富。中外文化兼容并蓄，学生的文化理解能力就会得到提高，学生的评价能力和整合能力就能日益完善。因此学生就能学会用敏锐的洞察力和恰当的移情能力理性地、批判性地接收各种文化信息，以博大的胸怀和高度的智慧妥当处理不可避免的各种中外文化冲突。

一、英汉文化并重，消除"中国文化失语症"的影响

众所周知，在世界走向中国，中国也走向世界的今天，我们在借鉴和吸收外国的先进技术和文化精华的同时，也要向全世界介绍自己的优秀文化和科技成果。但现实的进展情况却与社会发展的需求存在着很大差距，我们不难看到：有许多擅长外语大学毕业生不仅对外国的历史文化、社会习俗知之不多，而且对本民族的传统文化习俗也知之甚少，更不用说用英语表达，"中国文化失语症"现象在国际交流中频频现身。因此，想要让中国走向世界，我们就要学会用英语来表达中国传统文化中独有的现象和思想。

Kramsch 反对外语教学中普遍存在的"同化"原则，并提出了自己的见解。她认为在外语教学中，文化教学不应该是认同采纳的过程，而应以"增强意识"为主。文化教学的目的并非秉承异化原则，而是要让学习者在习得外语知识和文化过程中，通过"跨文化对话"提高跨文化交流意识和跨文化交际能力，最终实现本族文化与外来文化之间的互动交流和融合。

外语教学中文化教学的目的并不是要让学习者归化于目的语文化（削减性学习），也不是两种文化在学习者身上的简单的累加（附加性学习），而是要让母语文化和第二文化在学习者身上形成互动，让学习者具备文化创造力。

注重将西方文化教学有机地融入英语语言教学之中，并遵从"双向文化知识"导入的原则。在目的语文化与母语文化并重的教学环境中，汉语文化和英语民族文化在学习者身上形成互动，学习者由此产生文化创造力，他们加深并拓宽了对汉语文化的认识，并且对英语民族文化也有了较深刻的理解，帮助学习者在立足于本土文化的基础上培养和提高跨文化意识和跨文化交际的能力。

因此，教育主管部门及教师更应该注重引导学生在用英语进行跨文化交流的过程中正视中国文化的主体性并保持一定的文化道德底线，实现消除"中国文化失语症"的影响。

（一）发挥教育主管部门的监督引导作用

教育主管部门首先要做到与时俱进，时刻注意世界发展的动态，收集和掌握跨文化交际活动的各种信息，采取措施，引起各部门、各学校以及各领

域专家对于跨文化交际的重视和合作，将用英语表达中国文化的重要性记录在各类文件和大纲中，充分发挥其在文化教学方面的监督引导作用，并使其呈现在不同英语教学层次的测试之中，要在英语教学中实现中国文化教育的传授，要求各相关部门、各相关领域的专家学者以及各教学单位共同协作、相互沟通，将所制定的有关政策切实地实施起来。

（二）提高教师自身的文化素养和教学水平

从调查来看，英语教师无论在中国文化修养，还是在中国文化的英语表达方面都存在一定的知识亏空，这无疑对其教学产生了一定的影响。因此教师需要拥有较强的中西文化背景知识，并能够有意识地帮助学生形成平等的文化观，从而培养学生使用英语表达中国文化的能力，并有效地提高教学效果。教师不仅应该具备这种文化素养和宏观意识，还应该注重微观方面的具体教学操作过程。例如，教师可以通过比较两种文化，向学生介绍一些中国文化的英语表达方法，来平衡外来文化与本族文化之间的讲授比例。同时按照实际需要给学生以小组合作学习的方式分配一定数量的文化对比作业任务，使学生有意识地认识到自己的"文化缺陷"，并能够做出相应的弥补和改善，进一步强化他们对两种文化的理解，使他们能够更多、更加自如地运用外语来表达本族文化，掌握相关的知识结构和表述方式，最终生成陈申所提到的文化创造力。即"在外语教育中，通过本族语（文化）及目的语（文化）的对比学习，逐步获得的一种创造力"。

（三）提高学生参与跨文化交际活动的主动性

参与外教课和类似于模拟真实生活情境的教学活动可以培养学生参与跨文化交际活动的主动性，感受跨文化交际活动的深刻意义。学校和教师还应该鼓励学生积极参加国际性的各种跨文化交流活动。例如，国际合作机会的增加使中国有机会举办各种国际性赛事、国际性会议以及其他大型活动。这些活动往往需要大量的工作人员和志愿者，这为学生提供了难得的参与到真实的跨文化交流中的机会，教师和学生都要多注意收集这些资讯，并能够主动地参加各种跨文化交流的活动。

学生具备良好的中英语言和文化基础知识和技能，并能够积极参与跨文化交际活动，从而认识到中国文化越来越受到世界关注，同时他们又能够意识到中国文化英语表达的困难之处，进而能够自觉地产生对本族文化的高度认同感和敏感接受力，并能够增强积极地用英语表达母语文化的能力，建立进行跨文化交际的自信心，最终实现有效传播中国文化的目的。

二、消除母语的负迁移，发挥母语的正迁移作用

学习一种语言就是学习这种文化（Learning a language is learning a culture）。从本质上说，大学英语教学是通过东西方文化的交流和融合，在学生早已形成的汉语语言文化背景中融入英语语言文化，最终使学生拥有双语能力，并能够了解两种文化不同的思考方式的过程。在学生的汉语文化背景已经形成的情况下，汉语的文化迁移在英语学习中会不可避免。那么如何在大学英语教学中营造一种"文化语言氛围"，既注重强调技能培养，又加强语言的客观文化背景、交际环境以及思维方式的差异的学习，使学生在实际语言交际中避免不得体现象或尴尬局面，已经成为大学英语教学改革中面临的一个重要难题。

在学习过程中，学生已有知识对新知识学习产生影响的现象被称作迁移：促进新知识学习的迁移称为正迁移，阻碍新知识学习的迁移被称为负迁移。行为主义心理学认为，学习者母语习惯负迁移是外语学习中所犯的错误或遇到的障碍所致。此处的文化迁移是指由文化差异引起的文化干扰，其表现为在跨文化交际中，或外语学习时，人们不由自主地用自己的文化准则和价值观念引导自己的言行和思想，并以此为准则去评判他人的言行和思想。

文化迁移主要表现为语言使用不得体。这种不得体会使人们在交际过程中交流不顺、产生误解，甚至引起冲突与仇恨，因此要重视这种迁移，要逐步提高语言学习者的文化素养，认真学习英语国家的文化知识，提高语言学习者的文化敏感性，逐渐消除文化迁移对英语学习与使用的影响。

因此大学英语跨文化教学应努力设法预测学习过程中可能会出现的文化迁移，通过对英汉两种语言进行分析比较，减少汉语文化的负迁移，正确地利用母语正迁移的作用，促进汉语文化的正迁移，从而提高大学生的英语语言交际能力。在消除母语的负迁移，发挥母语正迁移作用方面，黄运亭的下列尝试值得借鉴：

（一）重视英汉语言文化与大学英语教学的关系

正如邓炎昌、刘润清曾指出，所学语言的文化与所学语言密切相关，熟悉与语言密切相关的文化知识，有助于保证使用这门语言的整体性。教师应

高度重视英汉文化因素在大学英语跨文化教学过程中的重要性，提高学生对英、汉文化差异的敏感性和适应性，树立文化意识，在传授语言知识的同时传授文化知识，根据学生的现有水平、接受能力和理解能力，确定文化学习的内容。同时，教师作为教学过程中主要的组织者和指导者，切忌在文化功能的传授中面面俱到。

（二）大学英语教学应与文化教学相结合

语言作为音义结合的符号系统，会随时间、空间和社会需要的变化而产生不同的变体，在外语教学中，可从语音、词汇、句法和篇章等具体层面建构语言的文化功能。同时可以让学生通过听、说、读、写、看电影、看录像、举办外国文化知识专题讲座等具体的语言实践了解英语国家的文化知识。另外，可通过汉语与英语的对比，有意识地探讨两个语种的语言结构和文化内涵之间的异同，从而帮助学生逐步形成跨文化交际的意识和文化敏感性。在比较的基础上，精选出英语文化中主流文化的内容和承载有比较突出的文化特征的内容，如文化习俗、饮食习惯、地理特征、宗教信仰、词语掌故、历史事实等内容的材料予以专门讲解、分析，进而促进外语教学。

（三）大学英语教学要培养学生的文化意识

文化蕴藏于语音、语法、词汇、对话、篇章，乃至认知模式的各个层面上。在大学英语教学中，学生应循序渐进，而不应偶然、盲目、无目的地接触西方文化，为此，教师应根据各阶段教学过程的特点，通过进行英汉文化的系统对比，学生有意识、有目的地了解英语的思维和认知模式。

在教学中，教师应注意收集、积累并充分利用好外语文化背景知识和社会风俗习惯的实例。实际上，许多语言材料都以家庭成员之间、朋友之间的交往为素材，如果结合录音、录像进行教学，会使学生产生犹如与人面对面交谈的临场感。教师在教学中还应指明其文化意义和在使用中的文化规约，这种文化背景知识的教学不仅会使学生对所学内容有更深刻的理解，而且会极大地提高教学质量。

此外，教师还可以鼓励和引导学生在课外有选择地看一些原版电影和录像片，可以在圣诞节、复活节等一些西方特有的节日里开展一些课外活动，让学生充分了解西方人的风俗、习惯和礼仪等，以培养学生的跨文化意识和形成良好的学习习惯。

三、树立平等观、加强学生文化移情能力的培养

世界各国的文化各自有其产生与发展的历史渊源与理由，各具特色且彼此平等，共同构成了世界文化。因此，跨文化外语教学中，外语教师要注重教育学生充分认识世界文化的特性，帮助学生树立语言、文化平等观，提高学生的多元文化意识，加强学生文化移情能力的培养，使学生能够以平等的心态来对待外国文化，以科学的标准去把握中国传统文化，去除已经形成的对母语文化的优越感和对异国文化的偏见或成见。

（一）树立平等意识

在不同文化接触过程中，要了解、尊重彼此的文化，宽容地对待文化的不同点，只有这样才能实现不同文化之间的真正交流与理解。跨文化交际是两种或者两种以上不同文化相互交流的过程，交流双方应该充分了解对方的文化特点，尊重对方的文化习惯，相互体谅，促进交流。在跨文化教学中，应注重平等意识的建立，参与交流的双方在交流过程中都是平等地位，任何片面的权威或者独占真理以及固执己见、差强人意都是错误的。

任何一种文化都有其能够长期持续发展的原因。没有一种文化可以凌驾于其他文化之上。对于不同的事物，要协调它们之间的关系，达到和谐统一，从而促进其发展，形成不同的新事物。因为事物是不同的，因此在其相互交流过程中会发展创新。如果所有事物都是相同的，那就不会有发展，也就不会有新事物的出现。事实上，不同的文化一方面要保持自己所特有的特色，另一方面要相互交流、融合，形成一种动态的平衡。

学习外语是进行跨文化交际的需要，其目的主要有两个：一个是为了能够与所学外语的使用者成功地进行交流，从而了解、学习其文化的精髓；另一个是用所学外语准确地介绍、传播本民族的文化特征，让世界更好地了解本民族，从而减少在跨文化交际过程中所产生的误解、冲突。因此任何放弃本民族的文化特征而去单纯学习外语的观点都是错误的。每一种文化都有其独特的优点和长处，都是人类解决各种问题的经验总结。当前世界经济日益全球化，各国文化也日益多元化，在跨文化交际过程中，每一种文化都应该取长补短，不断充实自己。在跨文化教学中，学生应该重视西方文化的学习，因为西方文化对于学生来说是很陌生的、以前没有接触过的新事物，但是不

应该唯西方文化为尊从而否认本民族文化的优点。在跨文化交际过程中，要彼此尊重，在平等的基础上进行交流，相互比较、鉴别，相互吸收、融合，共同发展。

为了适应多元文化时代的需要，我们必须打破母语文化与目的语文化的桎梏，容忍、尊重和理解文化差异，积极寻找文化之间的共性，树立语言文化平等观，在动态的交际语境中，不断构建文化参考框架，不断地相互协商，积极地建构跨文化交际的过程，从而实现共同期待的交际目标。在外语教学中，我们应该让学生接触不同模式的文化，而非单一的目的语文化，以便增长他们的见识，培养学生主动地、动态地去"适应"多元文化交际的意识和能力，最终实现人文性的外语教学目标。

（二）培养学生的文化移情能力

1. 文化移情

文化移情是指在跨文化交际过程中，交际者自觉地站在对方立场上思考问题，有意识地超越本民族文化的定式思维模式，突破自身文化的束缚，从另一种文化的角度来思考问题，从而能真实地感受、领悟和理解另一种文化。文化移情是跨文化交际中的一种有效的沟通交流能力，是连接交际者的语言、文化和情感的纽带。

Ruben 指出，在有效的跨文化交际过程中，文化移情能力是指交际者尽量置身于另一种文化模式中，设身处地地去思考，通过语言和非语言行为去体验、去表达，从而向交际另一方表明已经充分理解其交际内容。文化移情主要表现在两个方面：一个方面是语言语用移情，指的是说话者刻意地使用某些语言向听话者传达自己的某种心态和意图，以使听话者能够准确地领会说话者的话语含义；另一个方面是社会语移情，指的是交际者都要自觉地站到对方立场上，尊重彼此的文化习俗，宽容彼此的文化不同点。一个具有良好文化移情能力的人应该是与时俱进的学习者，持有开放态度的文化价值观。

文化移情能力直接影响着跨文化交际是否能顺利进行。由于文化差异，人们的文化取向、价值观念、宗教信仰、伦理规范、思维方式、生活方式和习惯等都不相同，在跨文化交际过程中，不可避免地会产生文化冲突，如果交际者文化移情能力强，他就能摆脱自身文化所形成的定式思维，从而自觉地避免不必要的文化冲突，保护交际的顺利进行。

2. 文化移情的必要性

自人类出现后，人类实践活动不断地向广度和深度拓展。世界各民族在相对独立的环境下各自发展，形成了各具特色的文化。各民族的文化都植根于本民族的土壤，都具有鲜明的民族特色。各民族在社会背景、政治和经济制度、文化传统、习俗等方面具有自己的民族特征，同样的，在民族意识和语言文化上也呈现出很大的差异性。交际者已习惯于本民族经过长期积淀而形成的语言模式和交际模式，在跨文化交际中，如果没有文化移情的意识和能力，很可能以本民族的交际模式同来自其他民族文化的人进行交际，最终可能因文化的不同而导致隔膜、误解乃至冲突。例如，中国人一般在得知亲人或朋友生重病住院后，会在第一时间赶过去慰问，以表关切，而病人见到来慰问的亲人或朋友也会感觉很温暖。而美国人在同样的情形下可能会考虑尽量少打扰病人，而病人本身也希望多些静养。可想而知，如果中国朋友得知美国朋友重病住院，中国朋友按照中华民族的传统文化模式急匆匆跑去探望，打扰了美国朋友休息，反而会引起美国朋友的反感。因此，交际者必须具备文化移情的意识和能力，才能在跨文化交际中冲破文化障碍，减少误会及文化冲突，从而达到有效交流和沟通的目的。

3. 文化移情能力的培养

要具备文化移情能力，首先应该注重培养交际主体的文化敏感性和宽容性。主体首先应该把交际客体视为与主体在文化价值观、信仰、态度、思维方式、审美方式、行为方式等诸多方面都存在着差异性的对象。为了避免文化碰撞，交际主体必须了解对方文化中所奉行的社会规范和语言规则等。提高跨文化交际中的文化敏感性，主要在于提高感知的敏感性。跨文化交际中产生的问题，首先是由感知方式的差异引起的。跨文化交际研究专家Samovar等人认为，有5种社会文化因素，即信仰、价值观、心态系统、世界观和社会组织，对感知产生着直接而重大的影响。具体来说，要移情，如果有可能，最好能到对方的国家生活一段时间，熟悉他们生活的方方面面。例如，语言在实际生活中的使用、风俗习惯、文化传统等。如果没有到对方国家生活的机会，可以通过看电视、录像、图片和书籍等来增加自己对对方文化的认识。每种文化都有自身的渊源及特点，它同语言一样无高低优劣之分。交际者应避免产生成见与偏见，与对方建立平等的关系。只有对异国文化不断增加理解，并对其持尊重和宽容的态度，跨越心理上的障碍，才能真正实现移情。在跨文化交际中实现移情要经历6个步骤：一是承认差异。世界是多元化的，不同的人看世界是不一样的，因此个人与文化之间存在很大差异。二是认识自我。对自己的优缺点有一个客观的评价。三是悬置自我。想象自己是任意的界域，是超出自我和世界的部分。四是体验对方。想象自己处在别人的位置上，设身处地，真正体验、理解另一种文化。五是准备移情。做好移情准备，要与时俱进，并持有开放的态度文化价值观。六是重建自我。在享受另一种文化所带来的激情与欢乐的同时，交际者要对自己本民族的文化有着清醒的认识，要充分认识到自己本民族文化的优势。

总之，文化移情是达到在多元文化之间进行有效沟通的重要途径。在跨文化交际中跨越文化障碍，成功地进行交际，就必须借助文化移情。因为文化具有平等性，文化移情必须坚持适度原则。每个民族都应该积极维护民族尊严，不卑不亢。在外语教学中，需要重视对学习者文化移情能力的培养。外语教师宜在正确的文化移情理论指导下，利用课外时间，通过适当的实践活动，学生置身于英语的气氛中，从而增强学生运用英语语言知识和其他文化知识的能力。这样的实践活动很多，如观看英文原版影视作品、举办英语演讲比赛、英语征文比赛、英语书法比赛，学唱英语歌曲，背诵英语诗歌，开设英语广播，发行英语手抄报，英语板报，举办英语晚会，组织英语角等。现在网络很发达，学生也可以通过网络与外国友人聊天、交笔友等。这些实践活动可以强化学生文化移情意识、提高学生文化移情能力，从而使受教育者适应全球化态势下的多元文化交流需要，保证跨文化交际能够顺利完成。

四、建立跨文化交际意识，提高文化认同度

在英语教学中，大部分学生都能够生成符合语法或句法规则的句子，但其表达方式往往无法做到"地道"二字。这是因为这些缺乏英语味道的句子恰恰忽视了习得语言中的文化因素，从而导致交际失败。这主要是由于交际双方未能达成文化认同而造成的。

文化认同是个人对于自身的文化及所依附的文化群体产生的归属感，并在此基础上获取个体文化，同时对其加以保存与丰富的社会心理过程。文化认同涵盖了对社会价值规范、宗教信仰、风俗习惯、语言、艺术等方面的认同感。日益频繁的国际合作使各国家、各民族之间的关系更加紧密。不同民族一方面不断地壮大和创新自身文化，另一方面又都在潜移默化中与其他文化进行密切的交流和互动。在这一过程中，人们不断地对本族文化和异族文

化进行异同对比并对此产生深入的认识和了解。不同民族之间以寻找共同话语为前提，放弃或变革一些原有的看法和行事标准，从而达成求同存异的目的，同时还要加强自身文化自觉性，增强跨文化交际意识，提高对本民族文化的认同感，确保本民族文化的生存发展权利。

在跨文化交际中，人类需要在不同民族的交往中建立相互的文化认同感，从而克服跨文化交流中遇到的障碍。

文化认同是人类在对自然认知基础上的提升，可以对人类行事准则和价值取向产生决定性影响，它是人类对于文化的内涵产生的共识与认可。基于此，文化认同往往作为语用原则指导具体的跨文化交际活动。

马冬虹认为进行外语教学时，教师应该自觉地对中西文化进行对比，但着重介绍中国文化，让学生充分地了解优秀的中国文化，并注意激发学生的民族自豪感，指导学生完成中国文化的英语表达，借此推动中国的传统民族文化精华在国际上的传播。同时，英语教学可以让学生更加了解世界和中国，而精通跨文化知识的学生能够让世界更加了解中国，让中国优秀文化走向世界。本族文化的接受往往是一种潜意识的状态，由于缺乏有意识的引导和激发，人们几乎不会反思自己赖以生存的文化，即使偶尔有类似的想法，也常常会困惑于文化现象的繁杂无序，从此望而却步。进行文化教学就是为了加强学生对本族文化的了解和掌握，防止学生产生民族中心主义思想，帮助他们理性地认识自身的价值取向和行为习惯，进而培养他们养成开放、灵活的思维模式。费孝通认为文化自觉需要经历一个艰巨的过程，认识自己的文化是前提条件，然后再了解周围的多元文化，才能够在现今的多层次文化世界里定位自己，自觉地适应多元文化的存在，并和各种文化不断地进行碰撞和交流互补，共创一个普遍认可的、集各方之长、和谐发展的交际秩序和共处守则。

五、注重英汉语言文化、思维方式的异同分析

经过几个世纪的探索与发展，外语教学在不断地走向完善，人们也日渐意识到，了解目的语言的特点是学好外语的前提，而了解目的语言的特点最有效的方法是与母语进行比较，发现并熟悉各自语言的特点，加以科学的分析，找到其差异，这不仅有助于确定教学的重点和难点，增强教学的预见性和针对性，而且能有效地提高教学效果。

　　我国著名语言学家吕叔湘指出，让学生认识英语和汉语的差别，对中国学生学习英语具有巨大的帮助作用。教学过程中，在词形、词义、语法范畴、句子结构等具体问题方面，都要尽量进行英汉两种语言的比较，通过比较，学生获得更深刻的领会。然而，实际的外语教学通常要借助多种方法，如直接法和对比分析法。直接法强调学生直接接受外语，让学习者摆脱母语的影响，主要通过模仿来学习外语。这一方法主要针对儿童的外语教学的初级阶段，因为儿童受到母语的影响还不是很显著，通过直接法可以培养学习者用外语进行思维和交际的能力，获得较强的外语语感，在听说能力方面的成果特别显著。但是对于年龄较大的学习者，特别是面对频繁复杂的语言现象的学习者，直接法并不能达到显著的效果，因为母语的干扰阻碍了学生的模仿能力和接受能力，妨碍了学习者外语水平的提高，这时对比分析法更适用于这些学习者，特别是两种语言表述、文化内涵、思维方式的对比分析。通过这些对比分析，学习者不仅可以排除母语的干扰，还可以克服盲目性，增强自觉性，提高外语水平和应用外语交际能力，做到"知彼知己，百战不殆"。

　　中西文化和思维方式差异在英汉语言中的表现，如西方的理性思维与中国的悟性思维是英语与汉语的哲学背景。这一深层差异必然表现在用词、造句、成章的各个方面，如英语较常受亚里士多德的演绎法逻辑思维模式的影响，常用"突显"语序，常用形合法、结构被动式和概括的抽象性词语，注重线性衔接、语法关系和语义逻辑，注重形式接应，"前呼后应"，擅长词语和结构的主从分明、长短交错和替代变换，表达方式上呈现出比较严谨、精确，模糊性较小，歧异现象较少等特点，用词造句方面能够遵守严格的词法和句法，造句成章也服从某种逻辑规则，适合于科学思维和理性思维。汉语常用意合法、意念被动句和生动具体的形象性词语，常采用非演绎式的、往往是领悟式的归纳型、经验式的临摹型或螺旋式、漫谈式的思维模式，注重时间先后和事理顺序，常用"自然"语序，注重隐性连贯，较常只把事情或思路罗列起来，让读者自己去领悟其间的内涵，注重语流的整体感，喜欢词语和结构的整体匀称、成双成对、对偶排比和同义反复，表达方式注重整体性，较多依赖语境。中国人习惯于整体领悟，常常通过语感、语境、悟性和"约定俗成"来表达和理解语句。

　　教学中，对英汉两种语言进行对比分析，不仅会对教学起到积极的促进作用，也有利于语言交际的顺利进行。在对比分析的过程中，人们对英语和母语的各自特性能够获得更进一步的认识，对不同语言各自的表现形式和方法给予更多的注意，因而，在进行交流时，就能够有意识地顺应这些差异，避免表达失误，最终达到交际的目的。

第三节　跨文化交际能力培养的行为体系

跨文化交际能力的行为层面包括解决问题的能力、建立关系的能力、在跨文化情境中完成任务的能力。良好的个人文化适应和人际互动，应该能帮助人们在跨文化情境中有效地完成工作任务。在跨文化外语教学中，教材的选用与教学策略的运用等行为体系直接影响着学生跨文化交际能力的培养，也是影响任务完成情况的关键因素。

一、确定大学英语跨文化教学教材编写特色

教材是教学内容的主要承载者，也是教师和学生教与学的主要依据和主导，更是完成教学任务、培养学生跨文化交际能力的关键。

因此，教材选材时，既要考虑提高跨文化交际能力所涉及的各个方面，又要注意设计形式多样地练习对学生在频繁复杂的跨文化语境中进行交际所需要的各种技能加以训练。如从跨文化知识入手，解释语言表达中的文化内涵，扩大与文化有关的知识面，通过案例分析与点评，提高学生的全球意识与跨文化敏感度，通过情景模拟、角色扮演等让学生接触各种跨文化语境中的跨文化冲突，以培养学生观察与分析跨文化问题的能力，最后进入培养学生观察跨文化生活或工作环境中的文化问题。如各媒体所报道的新闻，或通过各种调查，或在实习中观察跨文化语境等。这些方法都是提高学生实际能力的关键要素与途径。如果教师在课堂中忽视这一教学环节，那就不可能真正提高学生的跨文化交际能力，或只能提高学生的跨文化意识或跨文化敏感度。外语教学只有进入到在现实语境中培养学生跨文化交际能力阶段，学生的知识积累和跨文化意识才能得以体现与应用，才能将知识转换成跨文化交际能力。

（一）教材应体现文化内容与语言内容的自然融合

大学英语跨文化教学教材内容的编排应该以文化主题为单位，在每一个部分中都重点突出文化，突出语言，在文化的潜移默化中，让学生更好地、

灵活地、牢固地掌握语言的使用。正如张红玲所说："语言内容和文化内容有机地结合，是跨文化交际外语教学的核心思想。语言和文化同为教学的目的和手段，两者不可分割。在教材中，系统的文化主题构成教材的主线，而语言教学的内容实际上与这些文化内容融合一体。"

教材要充分考虑学生学习外语的需求、语言环境、知识结构和层次等多方面因素，蕴含社会习俗、历史、宗教，特别是价值观等方面内容，介绍西方不同国家的文化元素和中国传统文化，融入中西文化对比研究，让学生学会对待差异。

教材要有助于培养学生批判性思维技能。要求学生以一种审视的眼光与批判的思维方式，看待目标语国家事务，体验与本国文化不同之处。培养学生如何进行有效文化沟通。教材包含和传授的内容要充满积极的、使人奋发向上的精神，要将人类优秀的文化、高尚的思想道德通过语言潜移默化地传授给学生，要对学生世界观和价值观的形成产生深远的影响。

教材在题材的选取上要恰当地处理好以下几个方面：

（1）适当地介绍目的语国家的历史、民族构成、政府机构、政治情况、经济发展与教育情况的基本特点，使学习者对母语文化有着较为全面的了解。

（2）选取母语文化中较为独特的优秀的侧面，增强目的语文化与本族文化的对比，培养学生对文化差异的感知力和敏感性。

（3）尽力扩展文化的对比，使不仅局限于本族文化与目的语文化的对比，还可以与其他非主流文化和主流文化进行对比，让学生对非主流文化和主流文化产生同样的理解和尊重。

（二）教材内容安排应循序渐进且多面化

文化的复杂性、动态性和多层次性，决定了文化教学内容的安排不能只是古板的说教或是传授过知识后就万事大吉的态度。以文化为主题编写的教材须是有渐进性的、可操作性的，能弹性循环进行教学。唯有这样，学生对文化的体验与认识才能不断地理解和深化。

教材内容的呈现要按照由浅入深、由表及里，从未知到已知、从具体到抽象的序列进行安排，课程内容也在不同阶段上重复出现，范围逐渐扩大，程度不断加深。跨文化学科的教材要具备系统性、一致性、层次性、前沿性以及时效性的特点，注重与时俱进，编排体系既体现西方国家的人文精神，又映衬出国内对人才需求理念所发生的重大转变，既注重人文关怀，又要满足人文素质培养的现实需求。

（三）教材选用注重教学材料的真实化、语境化、多样化

张红玲指出，能适合跨文化外语教学的教材，一定要遵循教学材料真实化与语境化的原则。因为只有真实的语言教学材料才能真正的刺激学习者对所学的内容和过程在认知、心理、态度和行为层面产生反应，才能让学生真实体验到跨文化交际过程。所谓教学材料的真实性就是指能在现实生活中使用，而不是单单为了教学而设计。越来越多的语言学者和教育学家都认同，语言与文化是密不可分的，任何一种语言都不能脱离特定文化下的语境。只有在考虑语境的情况下，语言的表达与理解才能够充分与准确。

因此，跨文化外语教学材料的选用既要密切结合学生生活，找到学生的关注点和兴趣点，又要使教材中的文化内容真实化和语境化，既呈现各种文化知识，又体现人文精神。具体地说，文章的选取原汁原味，语言流利、自然，话题紧扣主题，涉及东西方文化差异、沟通技能、文化知识等，所有的语境也均是在目标语使用的环境中，所有的信息都是在有文化意义的系统中进行传递。

通过设计相关跨文化意识和技能的练习，选用大量跨文化交际实践案例对学生进行综合训练，学生运用语言知识、文化知识、实践语境（案例／模拟），结合具体的文化事例，模拟经历文化适应过程。通过案例进行交际实践，培养学生的跨文化敏感性、宽容性和处理问题的灵活性。

教材要系统地将跨文化动态人际关系的构建与跨文化交际知识和实践紧密结合，内容要体现文化的多元性、视角的多重性、问题的多样性以及回答的灵活性。如跨文化交际领域所涉及的语言知识和非语言知识、不同国家的文化差异、不同民族的思维方式以及价值观的异同，民族中心主义、文化歧视问题和思维定式等因素对跨文化交际的影响，以及跨文化调整与适应等内容。这种跨文化关系的建构侧重培养学生相对文化论的观点，处理文化冲突和调适时的态度和情感，使学习者能够换位思考，以友好的态度看待多元文化，有助于学习者深入了解和认知其他国家民族的文化，突破文化单一论的局限，帮助学生理解语言与行为、价值体系与行为规范的关系，使学习者能够透过现象把书本知识和现实生活密切联系起来，从根本上了解和熟知本族文化与异族文化的异同和根源所在。最终，学习者能够以开放、包容的态度对待异文化，对不同民族的文化价值观、风俗习惯、行为方式以及思维模式

从不同的角度进行思考和评价。最后,通过案例分析,以模拟训练的形式,学生在课堂教学中体验真实的跨文化交际,为学生实际跨文化交际可能遇到的问题提供解决方法、指导和实践经验。

(四)加强教材与练习的编排设计,促进学生自主学习

张红玲曾提出跨文化外语教学中的 10 条原则,其中特别强调的是在实施跨文化外语教学时,要实行以"学习者为中心,引导学习者自主学习为主"的教学模式。庄智象也明确提出"练习设计则更应按教学和认知要求设计,应该具备趣味性、互动性、针对性,服务并促进文化和语言的理解"。

教材内容的编排设计十分重要,既要有趣味性,能激发学生的学习兴趣,又要有针对性,使学生对设定的教学目标一目了然,让学生学得明白、透彻。在练习的设计中,要安排让学生自行组成小组进行讨论与分析的部分,让学生有空间去充分思考与审视文化因素,既能促进互动,又可体现学生较高的参与性。练习中要注重实践方法,为学生创造情景、语境,让学生在身临其境中去体验与感受,甚至去 Role-play,让学生在模拟的情景与语境中去分析、讨论和运用,提高学生学习的自觉性和自主学习的能力。教材中安排学生自主完成的练习,围绕单元技能或主题补充学生课外知识,使学生扩大知识面,对不同文化有更深入的认识和理解。

跨文化交际的课堂中,常用的教学方法有注解法、融合法、实践法、比较法和专门讲解法;还可以利用文化讲座、关键事件、文化包、文化群、模拟游戏等方法强化教材中文化内容的学习,使教材内容的选配适合不同的教学方法的采取,使教学形式更加灵活多样,容易被学生接受而不致僵化和乏味。

二、大学英语跨文化教学策略的运用

世界文化多元化及跨文化交际的迅猛发展对外语跨文化教学提出了新的挑战和更高的要求。跨文化交际能力的培养已成为新世纪跨文化教学的主要目标,自觉地跨文化意识以及对异族文化的敏感性和洞察力,是跨文化人必备的素质。因此,加大力度研究跨文化教学策略,培养学生的跨文化交际能力已成为跨文化教学的重中之重。

（一）加强教师的跨文化训练

世界经济全球化和文化多元化进程的快速发展，使得语言的使用更多地脱离开语言发展原有的社会文化环境。在非母语环境中使用时，该语言必然要经历再语境化的过程，这期间，此语言与一种与本族文化不同的文化发生了关系并彼此相互作用，造就出一种新的交际模式。我们可以看到，发生变化的不仅仅是交际进行的大环境，从本族文化和社会到地方文化和社会，各种交际环境都在发生变化。很多以该语言作为外语使用的人会有意或无意地把自己文化中的价值观念、行为规范和交际模式应用到外语交际中，使得语言使用的小环境（其中包括对交际场景、交际者之间的关系、有效交际和礼貌交际的态度等）也发生了变化。总而言之，语言一旦脱离本族文化，再经历语境化，就会与地方文化产生联系，这就为外语教学中跨文化培训的开展提供了条件和机会，并使其成为可能和必然。

（二）创设课外文化学习环境，培养学生自主学习的能力

自主学习已经成为学者们争相探讨的一个话题。对于什么是自主学习，学者们各有所见。Dickinson 认为，自主学习是一种对自己的学习做出决策的责任和态度表明，又是一种对独立学习的学习过程的决策和反思的能力。Littlewood 指出自主学习指学生独立做出选择，想对自己的学习实现的愿望，是学生的动机和信心。同时自主学习也是学生能够选择并且进行自学的能力，是学生的选择能力与执行能力。也就是说，学习者的动机和信心决定了他们独立行动的愿望，其知识和技能的程度则决定了他们独立学习的能力。Wenden 则更加明确地告诉我们，成功的学习者之所以成功，之所以具有专门知识和技能，之所以具有才智，主要是因为他们学会了学习，掌握了学习策略，具备了有关学习的知识和技能，充满信心地、灵活恰当地运用所掌握的知识和技能，他们完全是自主的。

第八章 跨文化视域下高校英语教学的新发展

随着时代的进步、经济与社会的迅猛发展，高校英语教学也不断与时俱进，因为只有不断创新与发展才能跟上时代发展的步伐。在跨文化视域下，高校英语教学的新发展表现在很多方面，如教学模式的创新、线上线下混合式教学模式的实施、学生自主学习能力的培育和养成等。在此基础上，本章就对这几大层面展开分析和探讨。

第一节 创新教学模式

一、慕课教学模式

（一）慕课教学模式简述

1.基本内涵

慕课英文简称为 MOOC，全称是"大规模在线开放课程"（Massive Open Online Courses）。慕课教学源于美国，在短短的十年间，被全世界广泛运用。慕课这一模式是由具有分享与协作精神的个人组织而成，将优异课程上传，让世界各地的人们可以进行下载与学习。

从形式上说，慕课教学就是将教学制成数字化的资源，并通过互联网来教与学的一种开放环境。从本质上看，慕课教学是一种与传统课堂相对的课堂形式，因为其基于互联网环境而发送数字化资源，实施的是线上教学。学生完成了网上课程学习之后，可以通过在线测试，获得证书或证明。

一般情况下，慕课教学的要素包含以下四点：具有完整的教学视频，并且一般时间设置为 6~10 分钟；具有完善的在线考试体系，往往可以实现过程考核与个性考核；具有一定量的开放性话题，可以集中学生的学习兴趣与积极性；具有 PPT、电子参考教材、模拟试题与解析等其他辅助资源。

根据这些要素，慕课教学需要教师与学生之间的互动，如教师对信息的发布、回答学生问题等。慕课教学本身为学生提供了学习的数据，教师和学生都可以通过数据，对学习状态进行分析，从而改善自身的学习情况。

2. 具体分类

根据蔡先金等人所著的《大数据时代的大学：e 课程 e 教学 e 管理》一书，慕课教学模式一般划分为如下两类：

（1）基于内容的慕课教学模式

基于内容的慕课教学模式主要强调学生对内容的掌握，往往会通过总结性评价、形成性评价等形式，对学生的学习结果进行评价。当然，对于学习社区也非常看重。这一模式总结了很多名校的讲课视频，同时设置了专门的测试平台，学生可以免费学习，并获得证书。

（2）基于任务的慕课教学

基于任务完成为主的慕课教学模式即侧重于研究学生完成任务之后对知识与技能的获取情况。学习按照步骤来发展，学生才能采用符合自己的学习方式，不受其他条件的约束和限制。通过对文本材料或录像材料等的阅读与观看，学生对学习成果予以共享，并通过音频、视频设计等将自己的某一项技能展现出来。这种就是以完成任务为主的慕课教学模式的体现，其对学习社区的研究也非常看重，因为社区是将学生学习案例与设计展现的地方，有助于学习内容的传递，其实并不注重学生学习的结果，也不对学生展开评价。

但综合来说，上述两种模式具有如下几点特征。

其一，慕课课程的设计与组织是基于网络建构的。

其二，慕课课程的设计不仅涉及课程资源、视频等，还涉及学习社区等。

其三，慕课视频一般为 8~15 分钟。

其四，学生可以自由选择慕课课程的学习内容。

其五，慕课课程的设计对象是大规模的，面向大多数学生，且设置的学习目标也是多样化的。

其六，慕课课程的设计具有交互性，并且是开放的、不断创新的。

（二）实施高校英语慕课教学模式的意义

英语慕课教学在英语教学中的运用必然会导致教学方式与理念的变革。也就是说，慕课教学对当前的英语教学具有重大的作用，具体表现如下。

1. 真正实现了教学针对性

基于传统的英语教学模式，高校英语教学常采用大班授课的方式，由于教师面临的学生众多，很难详细了解每个学生的个体情况，更难以开展有针对性的教学，对此教师不得不以单一的标准进行统一授课，从而限制了学生的个体发展。而慕课教学模式有效地解决了这一问题，由于慕课关注学生的个人诉求，通过慕课教学，学生可以根据自己的爱好、学习水平等选择适合自己的学习内容，真正实现了教学的针对性。

2. 凸显学生的主体地位

慕课要求学生在上课之前就完成相应的预习，在上课过程中由教师来答疑解惑，课后要求学生完成相应的巩固练习，无论是课前还是课后的作业都进行量化，计入总分。慕课教学模式改变了传统课堂教学中的师生角色，教师不再霸占整个课堂，而是成为学生学习的引导者和帮助者，学生也不再是被动的接受者，而是成为教学的主体。在各种任务的推动下，学生积极探索，变为主动的学习者，学习的参与度也显著提高。

3. 扩大学生自身的知识储备

在我国，高校英语教学主要是通过课堂教学的形式展开，面对繁重的课业压力与紧张的教学时间，课堂教学所能带给学生的英语知识是有限的。而慕课教学以网络为平台，向学生提供了更丰富的知识储备，方便学生及时更新自身知识。同时慕课的在线课程还包含在线论坛与小组讨论，极大地提高了学生的学习兴趣与效率。

4. 让学生能够充分利用碎片化时间

慕课教学的视频一般时间不会太长，多在 10~15 分钟，短时间的学习能够使学生集中注意力，高效率地进行学习。慕课教学模式不存在时空的限制，学生可以对自己的学习进度加以自主安排，充分利用碎片化时间，对于不理解的知识内容可以反复观看视频学习，最大限度地利用教学视频。

5. 为学生营造良好的学习环境

良好的英语学习环境能显著提升学生的英语学习效率，但是目前的高校英语教学仍然缺乏利于学生学习的英语环境，这对学生学习效率的提高起到了阻碍作用。而英语慕课教学模式能够有效弥补高校英语教学的不足。慕课的应用依赖于互联网技术，具有很强的交互性，在慕课学习中，学生和教师能够随时随地沟通，双方的交流不受时间和空间的限制，而学生与学生之间也可以进行彼此交流和分享学习经验，进行合作学习。此外，通过慕课学习，学生可以与世界各地的学生聚集在一起学习英语,相互之间开展交流和讨论,这样不仅能营造良好的英语学习氛围,还能接触"地道"的英语,提高跨文化交际和综合英语素质。

(三)实施高校英语慕课教学模式的方法

一般来说,在高校英语教学中,慕课教学往往会通过如下几个步骤来呈现。

1. 重构课程模式

基于慕课的高校英语教学属于在线教学模式,有着传统英语教学所不具备的优势,但本身也存在一些无法避免的缺陷,如师生之间无法面对面交流,这使教师无法分辨学生,也不可能彻底做到因材施教,只能根据大部分学生的学习情况来讲解内容。这就使得慕课教学要与传统教学有机结合,采取优势互补的方式改革英语课程教学模式,实现二者的资源整合,达到提高高校英语教学的效果。

两种教学模式有效结合的方式是教师以传统的课堂教学为主、慕课英语教学为辅的形式来开展教学,以课本的知识为主要内容,同时辅加慕课教学模式,充分利用慕课所拥有的海量教学资源进一步丰富教学内容,对课本知识进行延伸,使学生根据自身的实际情况进行自主学习,扩展知识面。在教学中,要将学生放在课堂教学的主体位置,进行师生之间的活动,针对学生的具体问题进行解答,帮助学生理解和学习。在课下,教师可以通过慕课平台对学生进行知识的拓展和补充,以满足学生不同层次的需求。此外,教师可以通过慕课模式布置课后作业,并通过网络实时监控学生的完成情况。

2. 科学制作教学视频

慕课是通过视频来传达内容的,所以教学视频是慕课教学的基础与核心,教学视频的质量直接关系着慕课教学的最终效果。对此,教师在运用慕课进行高校英语教学时,应针对学科特点,精心地制作视频,不仅要控制好视频的长度,同时要科学、精致地安排视频内容。对于视频的长度,通常维持在10分钟左右,视频时间太短将无法充分展现教学内容,视频时间过长则会使学生产生倦怠心理。教学视频贯穿于慕课教学的始终,课前通过慕课视频向学生提出疑问,提高课堂教学的针对性;课中可用慕课视频来加强学生的理解和记忆;课后让学生通过慕课视频加以复习和巩固。慕课视频的内容要具有针对性,突出教学重点和难点,使学生进行有针对性的学习。

3. 完善课程评价体系

课程评价体系是教学的重要环节，是促进学生投入学习的重要手段。学生能否重视一门课程的学习，很大程度上取决于这门课程在课程体系中所占的地位和比重。因此，要想促使学生积极地投入慕课学习，就要加大慕课在课程中所占的比重，提升其在课程体系中的地位。例如，教师要求学生根据自身情况进行一个或多个慕课课程学习，同时针对慕课课程安排平时作业，并将平时作业的完成情况纳入平时成绩中，将慕课的期末成绩纳入学生的期末成绩中，以调动学生学习慕课的积极性。

此外，完善课程评价体系，还应建立完整的慕课教学考核制度。首先，根据英语教学标准，对学生的英语综合能力进行考核。其次，对学生的学习态度及能力进行考核，并检查学生的自主学习效果。最后，考核学生的慕课知识学习情况，包括学习时长、任务完成情况、学习效果等，增强学生的英语实践运用能力。

4. 教师积极发挥作用

慕课在高校英语教学中的作用不言而喻，但是慕课教学模式尚待完善，需要教师参与相关的培训，而且学生水平各有差异，需要教师实施有针对性的教学。因此，在慕课教学模式中，教师依然扮演着很重要的角色。首先，教师应该积极探索能够激发学生主动性和积极性的慕课课件。其次，教师需要对学生的基本情况有一个清晰的了解，保证慕课课件能够被大多数学生理解和把握。最后，教师还需要了解不同学生的自主学习能力，锻炼学生的心理素质，使他们尽快适应这种新型教学模式。

二、微课教学模式

（一）微课教学简述

1. 基本内涵

关于"微课"，目前还未形成一个统一的概念，下面介绍一些具有代表性的关于微课的观点。

最早提出"微课"这一概念的是学者胡铁生，他通过借鉴慕课的定义，认为微课即微课程的简称，即以微型视频作为载体，对某一学科的重难点等教学知识点与教学环节来设计一个情境化且支持多种学习方式的网络课程。

之后，胡铁生对这一观点进行了改进，认为微课是根据新课程标准及课堂教学的实际情况，以教学视频作为载体，对教师在课堂中针对某一知识点或教学环节而展开的精彩教学活动的有机结合体。

郑小军、张霞则认为，微课不等同于课堂上的实录，而是从某个重难点出发创作的视频，即微课聚焦了重难点问题，而且将那些有干扰的信息排除掉。

上述众多学者的概念是非常具有针对性的，且一定程度上将微课的特征反映了出来。笔者对于胡铁生的定义更为推崇，从本质上认为，微课是一种支持教与学的微型课程。

2.具体分类

当前，在微课教学中，有几种模式是非常常见的。但是这几种模式的构成要素有着较大的差异，都有各自的特点与语言范围，下面就对这几种模式展开详细的论述。

（1）非常 4+1 微课资源结构模式

非常 4+1 微课资源结构模式在教育部组织的全国高校微课教学比赛中是被极力推崇与倡导的模式，这一模式主要由五个要素组成。

"1"代表的是微视频，占据着最核心的地位，是核心的教学资源；其他四项包含微教案、微课件、微练习、微反思，都是围绕微视频这一核心建立起来的，并配合这一核心完成教学过程的构建。因此，"4"是指与微视频关系最为密切，并与之配套的四种资源，即上面提到的微教案、微课件、微练习、微反思。这一模式的结构非常简单，但是适用性非常强大，对于那些独立的、内容简单的微课设计具有强大的借鉴意义。

（2）123 微课程教学运作模式

通过微课、微课程、慕课、翻转课堂等模式的研究，并考虑现在国内外中小学等的学习情况，构建了一种微课教学模式。

这里的"1"指代教学活动应该以微课程为中心。一般情况下，一门微课程中包含 20~30 集微课，那么这 20~30 集微课视频就可以作为一组。

这里的"2"指代教师根据两套教案，对微课程组织的教学活动。其中，以微课教案来组织微课视频设计，以翻转课堂教案组织具体的学习内容、课程结束之后学生的自主学习等。

这里的"3"指代学生根据三组资料展开自主学习，从而提升学习的效率。其中导学案指导学生课前学习、课中学习与课后学习；助学资料指导学生创新与探索，解决学习中的疑难问题；内化训练包含微课平台中进阶式的训练与检测和一些创新课题研究等，从而便于进行知识的内化与迁移。

这一教学模式具备如下三个特点。

（1）运行模式分别考虑到教师和学生两大主体的活动内容和关联要求，使微课程教学运行有机统一，不会产生分裂。

（2）两个教案均以微课视频为核心且各有侧重点和目的性，构建了一个微课程的系统性、完整性教学方案。

（3）指导学生自主、有序和科学地进行学习的三组教学资料密切配合，使不同基础的学生都能得到相应的支持和帮助，减少因学习差距引起的恶性循环，促进全体学生基本上能同时提高学习成绩。

（二）实施高校英语微课教学模式的意义

在高校英语教学中运用微课开展教学，可以为学生营造直观而且优良的教学环境，能让学生将全部精力集中在英语学习上，对于英语教学而言意义重大。具体而言，微课在高校英语教学中所发挥的作用体现在以下几个方面。

1.顺应了时代发展要求

互联网技术的发展，使得人们更加方便地接收信息。随着互联网进入微时代，微视频、微信、微博等逐渐兴起，并成为人们日常生活中的重要部分。就教学而言，学生对手机的关注多于对课本的关注，教师传统的对段落和知识点的讲解方式只会让学生觉得枯燥乏味，对此有些学生甚至不带课本，而是随身携带手机等工具上课。在信息化时代，学生更能接受数字信息化的学习模式，偏向于既简单通俗又富有趣味性的知识信息，而微课作为信息技术发展和教学改革的产物，能有效满足学生的这种学习心理，对于激发学生的学习兴趣发挥着重要作用。

2.满足不同层次的学习需求

教师在使用微课教学时，将会微视频上传到微信或者 QQ 等平台上供学生分享，此时那些在课堂上没有记笔记或者存在理解障碍的学生可以根据需要反复观看视频内容，温习所学内容，进而加深和巩固所学内容。

3.推动教学模式改革

教育改革的推进深受新型教育模式的影响，高校英语教学改革也在这种模式的推动下不断深化。传统的高校英语教学模式形式陈旧单一，无法满足学生的需求，也无法适应当代社会的需求。通常是一节课中课程讲授量大，往往会超出学生的接受限度，学生经常感觉课堂教学无聊而乏味，如果使用微信或者 QQ 发布英语知识点讲解，则会更受欢迎，因此微课是当代创新性的教学方式，属于知识的传递者，能够满足学生的具体需求。将微课教学运用于高校英语教学，可以加速教学改革，更新教师的教学结构和教学理念，使教师顺应时代的发展和学生的需求，也能让英语教学跟上时代的发展。此外，微课推动着高校英语课程内容和体系的改革，微课通过时代信息技术，整合教学资源，可以扩大教学途径，转换学习视角，丰富教学资源，改革课程体系。

4. 培养学生的自主探究能力

培养学生的自主探究能力是高校英语教学的重要任务之一，因此在高校英语教学中，教师应该注重这一能力学生的培养。而有效利用网络和微课教学的优势，可显著提高学生的自主探究意识和能力。具体而言，教师在向学生讲解英语课文时，可结合教学中重点内容和课文中出现的不同角色，先播放相关的视频让学生观看，然后对他们进行分组，让学生以小组为单位讨论课文内容，并进行创意表演。通过这一过程，学生不仅积极性被调动，还能积极自主探究学习内容，更能加深和巩固对课文的内容理解。

5. 创新新型的师生关系

在高校英语课堂教学中，教师普遍使用多媒体进行教学，就是以书本内容为核心，以 PPT 的形式来讲解课文知识。受课堂时间的限制，教师在讲解过程中语速较快、模式单一，大多数学生未能完全掌握课堂知识，而且对课堂教学缺乏兴趣，因此教学往往效果不佳。而在微课教学中，教师的角色发生了变化，其不仅是传授者，也是解惑者和引导者，教师除了向学生提供学习资源，还会指导学生进行有效学习，满足学生不同层次的个性需求，这有利于改善师生的紧张关系，拉近师生之间的距离。

（三）实施高校英语微课教学模式的方法

从当前的文化教学实践分析，微课教学有着广阔的前景。虽然英语文化教学中微课教学的设计是当前关注的问题，但是也不能忽视英语文化教学中微课教学的实施。

1. 构建微课学习平台

英语文化教学中的微课教学主要是基于视频建构起来的，同时需要互动答疑、微练习等辅助的模块，这些在之前的英语微课教学的构成中有详细提及。这些模块的构建对于学生文化学习兴趣的提升、教师信息化应用能力的提高等都是十分有利的。其中，微慕课平台是一个较为创新的平台，即运用微课教学展现慕课教学的专业化与系统性。这一平台结构更为灵活、知识含量更高，是一个较好的平台。

2. 开发与共享微课资源

当前的英语文化教学中教学资源设置不平衡的问题日益凸显，而微课教学的出现，使得教学资源可以通过互联网传送到各个地方，便于各个地方及时更新与推进，从而实现真正的资源共享。

3. 提升微课的录制技术

英语文化教学中微课教学要求录制技术较高，而且尽可能保证简单化，使教师便于执行，同时不断提升自身的录制技术。

另外，微课视频研发人员也应该不断对技术进行提升，追求卓越的技术，使得英语文化教学中微课教学的实施得到更大范围的推广。

三、翻转课堂教学模式

随着教学过程的颠倒，教与学的流程、责任主体、师生角色、课内外任务安排、学习地点和备课方式等方面都发生了明显变化。与传统意义上的课堂教学结构相比，翻转课堂颠覆了人们对课堂模式的思维惯性，改变了学生的学习流程，从新的角度揭示了课堂的新形式、新含义。有人认为，"翻转课堂"打破了持续几千年的教学结构，颠覆了人们头脑中对课堂的传统性理解，倡导先学后教、以学定教，赋予了学生学习更多的自主性和选择性，强化了师生之间的沟通与交流，实质是学生学习力解放的一次革命。这契合了国家教育信息化发展规划指导思想的核心——创新学习方式和教学模式，因此它也被称为是对传统教学模式的"破坏式创新"，成为信息技术与学习理论深度融合的典范。

通过进行定量分析，学习成效金字塔揭示出从简单的灌输式学习到深入体验式学习对学生的影响的转变，也对提高学习效率的途径进行了描述，启示学生应该动用自身的多种器官来展开学习。学生只有对多种知识进行主动接受，才能真正地有收获。

（一）实施高校英语翻转课堂教学模式的意义

翻转课堂教学为高校英语教学提供了新的平台与良好的契机，从本质上体现了英语教学的深化改革，帮助英语教学突破困境，为学生的英语学习提供了便利。下面将具体分析高校英语翻转课堂教学的意义。

1. 使得教学更加直观和简单

在传统的高校英语教学中，教师的教学内容主要是以课本为主，呈现方式也是以板书为主，这种教学方式对于学生来说不仅不够直观，还不利于其中理解相关知识。如果仅限于传统的课堂教学模式，根本无法有效培养学生的英语运用能力。翻转课堂通过借助多媒体技术，将相关的图片、音乐、视频等融入教学视频，原本晦涩难懂的英语知识变得直观和简单，原本沉闷的课堂教学变得生动活泼。

2. 使教学更具多样性和趣味性

用于翻转课堂的教学视频的制作对教师的专业能力有着很高的要求，要求教师制作的视频内容简洁、形式多样、幽默丰富等。基于这些要求和特点，翻转课堂有效的增添了高校英语教学的趣味性，不仅能创造良好的学习环境，还能有效激发学生的学习兴趣。此外，很多的翻转课堂教学视频涉及的内容十分广泛，包括英语音乐、英文电影、英语小说等，这些内容与课程教学息息相关，使得教学形式生动形象，更加多样化。

3. 能够提升学生的主动意识

在翻转课堂教学中，师生之间互动频繁，学生的主观能动性被充分调动，学生掌握着学习的主动权。基于翻转课堂教学模式，学生可以根据教师提供的资源提前进行自主学习，还可以在课堂上与教师展开学习方面的探讨，进一步了解与掌握知识内容，这有效体现了学生的主体地位，而且淡化了对教师的依赖性。

4. 加深学生之间的互动

翻转课堂改变了传统教学模式中师生之间的相处方式，翻转课堂中，教师与学生之间形成了一对一的交流。如果学生对某一知识点存在质疑，那么教师可以将这些学生集中起来，对他们进行特别指导。另外，在翻转课堂中，教师不再是学生知识的唯一来源，学生与学生之间还可以进行互动学习。

5. 能够使学生反复学习

在传统的高校英语教学中，教师不可能兼顾所有学生的需求和感受，只能按照教学大纲要求和按步骤统一进行授课，这就会使部分学生跟不上教师的节奏，无法有效掌握课堂教学内容。而翻转课堂教学可以有效解决这一问题，在翻转课堂中，学生可以随时暂停、重放视频，直到自己看懂、理解为止。

（二）实施高校英语翻转课堂教学模式的方法

翻转课堂作为一种颠覆传统课堂的教学模式，教学设计过程当然不同于传统教学设计过程。虽然国内外出现了各种各样的翻转课堂教学，但它们都建立在课程资源、教学活动、教学评价和支撑环境这些要素的基础之上，因而翻转课堂教学的设计也是以此为依据。

1. 教学过程的确定与设计

美国创新学习研究所（Innovative Learning Institute，ILI）提出了翻转课堂设计流程。ILI认为，翻转课堂的设计过程主要包括确定学生课外学习目标、选择翻转内容、选择内容传递方式、准备教学资源、确定学生课内学习目标、选择评价方式、设计教学活动、辅导学生八个主要环节。

（1）确定学生课外学习目标

英语文化教学中翻转课堂教学过程的设计首先要确定学生的学习目标。翻转课堂使得课内教学和课外教学进行了颠倒，学生需要完成两次知识内化过程，第一次知识内化是在课外自主学习新知识，第二次知识内化是在课内完成的。显然，课内和课外对学生的要求是不同的，学生需要在课内外实现不同的学习目标。

（2）选择翻转内容

当确定了翻转课堂的课外学习目标后，就要结合学生本身的认知规律和特点去选择课外自主学习的合适内容。课外学习的目标主要是低阶思维的目标。

（3）选择内容传递方式

选择内容传递方式是指确定学生的自主学习内容通过什么媒体工具表现出来。教师要结合持有的接收设备情况、学习者的地理位置、学习内容的形式和资源大小等因素，选择与学生开展个性化学习、传递内容形式丰富、传递速度快、获取方便的内容传递方式。

（4）准备教学资源

在确定了学习内容及传递方式后，就可以搜集相关的网络学习资源供学生学习，或者开始制作、开发新的相应的学习资源。在该环节中需要注意，无论是利用已有的学习资源还是自己开发新的学习资源，均需与先前确定的学习内容保持一致，并且资源的形式、大小等要求也需要和传递工具相匹配。

（5）确定学生课内学习目标

第一环节确定的是课外学习目标，是针对低阶思维技能的学习目标；本环节确定的是课内学习目标，是针对分析、评估和创造等高阶思维技能的目标。因为在课外学生能参与的更多是培养其识记、理解和应用等的学习内容，而在课内学生是通过与同伴和教师面对面地交流、讨论和开展协作探究等活动。所以，这一环节的学习目标与第一环节的学习目标略有不同。

（6）选择评价方式

在教学正式进行前，教学中的主体和主导者，即学生和教师都要对课堂教学活动提前做好充分的准备。对于教师而言，选择一种合适的评价方式非常重要。低风险的评价方式应该是教师的理想选择，它是指不对学生的评价结果以分数、等级形式的评比，而且仅作为发现学生学习问题的一种教学评价方式。通过低风险的评价方式，教师可以发现学生学习真正的难点，以便教师和学生调整教学计划和学习计划。低风险的评价方式有很多，其中一种就是常用的课前小测验，这些小测验的题目量并不多，一般只有 3~4 个问题，针对的内容是学生在课外自主学习的内容，其不仅仅是检测学生在课前学习的事实性知识，更重要的是为学生提供一个综合应用所学知识的机会。通过课前小测验，教师能及时地把测验中出现的问题反馈给学生，学生也可以向教师提出自身遇到的问题，并通过与教师交流进行问题的解决。

（7）设计教学活动

如前所述，课外的学习内容和活动主要帮助学生解决识记、理解类的知识，在课内则是帮助学生解决学习难点，并充分应用所学知识，学习更深层次的内容。当通过课前评价了解到学生真正的学习难点后，教师需针对性地设计具有导向性的课堂教学活动，以便更好地培养分析、评估和创造等高阶能力，可采用如基于项目的学习、基于问题的学习、协作探究学习等形式。

（8）辅导学生

教师作为教学的主导者，在各种形式的教学活动中都要充分发挥自身的主导作用，只有这样才能取得良好的教学效果。具体而言，在学生进行教学活动时，教师需提供相应的"脚手架"，为学生更好地开展活动提供必要的支持。另外，在必要的时候，教师还应该对某些理解学习内容和活动有困难的学生提供个性化的辅导。在整个学习活动中，教师需要对提出疑问的学生给予及时反馈，在学生汇报学习成果或学习结束后，教师要统一进行总结反馈，以促进学生进行知识的内化和升华。

2. 教学资源的选择与开发

（1）支持信息化教学资源

广义的教学资源是指用于教与学过程的设备和材料，以及人员、预算和设施，包括能帮助个人有效学习和操作的任何东西。而随着信息技术的发展，信息化教学资源的概念出现了，它是指在以网络和计算机为主要特征的信息技术环境下，为教学目标而专门设计的或者能为教育目标服务的各种资源，包括教育环境资源、教育人力资源和教育信息资源。

随着信息化资源的发展与教育应用，翻转课堂教学理念才得以提出。从上述翻转课堂的完整过程可知，支持翻转课堂需要用到的信息化教学资源主要包括教学视频、进阶练习、学习任务单、知识地图和学习管理系统五大类。

翻转课堂教学的实施，不仅需要上述教学资源作为主要资源，还需要借助一定的教学辅助工具软件，该类教学资源几乎贯穿于翻转课堂的始终，作用主要是帮助教师进行教学视频的制作、师生间开展交流协作、学生学习成果的展示等。按照作用于翻转课堂教学开展过程中的不同方面，可以将教学辅助工具分为视频制作工具、交流讨论工具、成果展示工具和协作探究工具四类。

（2）遵循资源选择的基本原则

翻转课堂的资源包括教学视频、进阶练习、学习任务单、知识地图、学习管理系统和各类教学辅助工具等。每一类资源都不完善的，不存在放之四海皆准的资源。每类资源都各具有特点，并且每类资源可供选择的具体资源种类、载体类型众多，因此教师应根据教学实际需要选择合适的翻转课堂的教学资源。一般而言，翻转课堂教学资源的选择需遵循最优选择原则、具有较强兼容性、多种媒体组合。

最优选择原则是指教师根据教学内容和教学目标的要求，选择存储和传递相应教学信息并能直接介入教学活动过程中的载体，就是选择教学资源。

具有较强兼容性是指当众多便携式的移动智能终端在高校英语教学中广泛应用以后，高校英语教学不仅变得更加高效，也发生了变革。在这种情形下，翻转课堂理念逐渐普及起来，翻转课堂的应用也得以在大范围内开展。翻转课堂实施的普遍现象是，学生利用各类移动设备，如平板电脑、智能手机等进行课外自主学习，课内教师利用移动终端设备进行授课。因此，资源载体的改变，迫使资源形式也做出相应的改变，要求必须兼容各类学习终端设备，在各类终端设备中都能流畅运行。

多种媒体组合是指翻转课堂教学真正做到了以学习者为中心，这对后期的教学资源选择也有一定的指导作用。在选择教学资源时，教师应该考虑学生的兴趣、生活现实，尽可能选择丰富的教学资源形式，即有机结合文字、图片、声音、视频、动画等多种媒体形式。

3.设计英语教学活动

根据前面所述的翻转课堂的完整过程，翻转课堂教学活动设计包括课外活动设计和课内活动设计两个部分。

（1）设计课外学习活动

翻转课堂的课外学习活动一般属于线上活动，主要包括以下几类：

一是在线学习。在课外，学生通过阅读相关的电子书籍、资料或观看教师提前准备好的讲授视频，掌握并理解课程中重要的信息。在线学习主要有阅读电子教材和观看教学视频两种形式。有时为了加深学生对信息的理解，在线学习的材料还应附加一些引导性问题、反思性问题、注释、小测验等，用于辅助学生进行自主学习。

二是交流讨论。通过在学习管理系统中开展一个专门的讨论区，或借助专门的在线交流工具，教师和学生以课外学习内容为主题展开交流和讨论。讨论主题既可以是教师预设的，也可以由学生创造。这样的话，一种师生在线辅导和生生自组织学习的学习模式就形成了。借助这种学习模式，学生掌握学习内容的速度较快，并且掌握的层次较深，从而为课内的学习活动做好准备。

三是在线测评。在学生完成了新知学习的任务后，可以进行在线测评。在线测评一般采用低风险、形成性高的评价方式，不仅检验了学生的学习成果，还提供了一个学生反馈问题的机会。通过在线测评，教师和学生在课内教学活动开展前针对问题提前做好准备。

（2）设计课内学习活动

根据翻转课堂的特点，影响翻转课堂教学效果的最大因素是如何通过课堂活动设计完成知识内化。在设计课堂活动时，关键要看情境、协作、会话等要素是否有利于学生主体性的发挥，从而促进学生达到高阶思维能力的目标。课内学习活动一般可以分为个体学习活动和小组学习活动。

四、多模态交互教学模式

（一）多模态交互教学模式简述

1. 基本内涵

从语言学习的特点出发，20 世纪 90 年代，西方学者提出了多模态话语理论。这一理论指出，语言属于一种社会符号，音乐、绘画等非语言符号对语言意义的产生起着重要作用。各种语言符号与非语言符号模态之间是相互独立也是相互影响的关系，共同生成语言意义。根据多模态语言理论，语言的输入、输出会受多种符号模态的影响，因此在英语教学中，可以将多种符号模态融合起来，结合音乐、图像、网络等形式，对英语课堂进行丰富，充分调动学生学习的积极性与主动性，从而交互式地学习英语语言，达到对英语语言的充分记忆以及恰当应用。

在大数据的驱动下，教师采用多模态交互教学，可以充分运用网络多媒体等手段，创设各种语言学习情境，让学生真正体会到语言学习的乐趣，多渠道地激发学生的听觉、视觉等感官，为学生提供全方位浸染式的环境，促进学生不断提升自身的语言技能。

多模态交互教学强调采用多种手段，具体来说是运用网络多媒体技术，开展角色扮演、图片展示等多种互动方式，充分调动学生学习的积极性，将听、说、读、写、译各项技能结合起来，激发学生学习的兴趣，对旧知识进行巩固，对新知识进行拓展。

2. 基本原则

（1）客体适配原则

在高校英语教学中，师生分别处于教授与学习的主体地位，对应的客体则是教授与学习中使用到的工具，如多媒体、教材等。所谓的客体分配，即根据多模态交互教学的需要，提前选择能够对教学工作加以支持的材料。例如，在听力课堂上，教师需要提前下载一些听力材料，然后运用多媒体进行播放；在阅读课堂上，教师可以为学生推荐一些具有阅读性强的著作。

当然，日常的教材讲解，需要教师在备课时制作多模态 PPT。从教材内容出发，将其中涉及的重难点知识，在 PPT 上配合动画、图片等加以展示，这能够将教材这一客体的适配性充分发挥出来，并能够激发学生的学习积极性，提高教师教学的质量和效率。

（2）主体适配原则

如前所述，教师与学生处于教授与学习的主体地位。

就教学层面而言，教师在对多模态符号进行收集与整理的过程中，应该转换自己的身份与角度，尽量从学生的视角出发对多模态符号内容进行选择。例如，所选择的动画、图片等要与当代大学生的认知规律、兴趣爱好等相符合。这样才能使课堂更具有吸引力，进而便于教师教学工作的展开。

就学习层面而言，学生需要在接收到PPT的模态符号之后，将自己的感官调动出来。例如，当教师在PPT上播放听力材料时，学生需要将自己的听觉感官调动起来；当教师在PPT上展示图片等内容时，学生需要将自己的视觉感官调动起来。

一般情况下，坚持主体适配原则，对于构建多模态的交互教学模式，提升师生之间的默契度都非常有益。

（3）阶段适配原则

英语学习本身是一个循序渐进的过程，阶段不同，学生的水平与理解能力必然也不同。为了更好地将多模态交互教学的优势体现出来，教师在运用这一策略时，需要坚持阶段适配原则。

也就是说，教师要从实际出发，对模态组合的形式与教学模式进行不断的调整。例如，听力部分是高校英语四、六级的重要测试内容，也是学生英语核心素养培养是一项重要内容。运用多模态互动教学模式展开听力教学时，第一阶段需要根据班级学生自身的水平，选择恰当的听力材料，不宜过于难，也不宜过于简单。同时，教师需要提前检查一遍，尤其检查里面的信息是否全面，语速是否适中，问题的设置是否合理等。第二阶段是在听力时，教师要时刻观察学生的注意力情况，是否出现眉头紧锁等情况，这样有助于教师对难度加以判断。第三阶段是从听力材料出发来讲解。不同阶段，这一教学模式实现了音频模态、口语模态、文字模态的多方面组合。

（二）实施高校英语多模态交互教学模式的意义

在高校英语教学中，网络技术与大数据技术的作用日益凸显，可以说这些技术改变了教育的理念与方式。在大数据背景下，高校英语教学应该充分利用网络与多媒体技术，将多种符号模式融入教学之中如图像、语言、网络等，利用多种模态将学生的各种感官激发出来，以调动学生的学习积极性。

高校英语是高校多种学科中的一项重要的公共基础课，但是对于大部分学生来说，原来的英语课堂是非常枯燥的，导致他们的学习效率也不理想。当前，随着网络与大数据的出现，在一定程度上突破了教学的限制，采用音频、视频、微信等资源开展高校英语教学，为高校英语教学注入了新的活力，也为学生增添了学习的自信心与动力。

在高校英语教学中，对网络资源的合理运用可以刺激各种感官，让学生参与到学习之中，更深层次地理解英语词汇、语法、语言学等知识。学生只有成为高校英语课堂的主人，主动积极地探索知识，才能学会知识。

另外，在传统的高校英语教学中，教师提供的信息是非常有限的，很难与学生的个性需要相符合，多模态化网络的融入，可以解决教师的这些问题，教师可以利用大数据资源，为学生创建真实的平台，让学生调动多方位感官，自主、轻松地提升个人的语言能力。

互联网已成为教师教学的重要工具，充分利用互联网及多模态教学模式势必对高校英语教学产生巨大的影响和推动作用。

（三）实施高校英语多模态交互教学模式的方法

大数据时代的到来为多模态教学引入高校英语教学提供了基本的条件。无论人们身处何方，都可以摆脱时间与空间的限制。对网络资源进行合理的利用，还可以从自身的兴趣与爱好出发，如浏览网页、观看视频等，也可以参与在线讨论，这与高校英语多模态交互教学是相辅相成的关系。

高校英语多模态交互教学作为一种新型模式，充满着活力，在大数据背景下必将欣欣向荣。那么下面就来具体分析高校英语多模态交互教学的构建策略。

1. 充分利用多媒体资源

多媒体技术被引入高校英语教学中，是高校英语教学的一项重要变革。多模态教学强调将学生的各个感官调动起来，实现英语学习的目标。多媒体课件正是能够将文本、图片、音频、视频等相互结合的资源，教师如果制作一个多媒体课件，需要精心的准备，需要从不同的教学内容与任务出发，搜集各种资料，进而进行整理与设计，制作出符合学生的需要的多媒体课件。

学生的阅读对象不仅包含文字与图片，还包含大量的音频、视频、动画等资料。多媒体课件以鲜明的特点、丰富的资源、生动的情境为主等，将学生的主体性调动起来，让学生在学习中真正成为信息加工的主体。教师在设计教学内容时，可以将电脑、音响等设备利用起来，对学生的多种感官进行刺激，加深他们对知识的理解。

对多媒体课件进行合理的利用，有助于调动学生的多种感官，促进高校英语多模态交互教学，激发学生的学习兴趣与积极性，为他们营造良好的氛围。

2. 建设多模态化英语网络空间

随着网络技术与大数据技术的不断发展，当前我们的"信息高速公路""论坛""校园网"等日益丰富，也被人们熟知，显然，网络时代与大数据时代已经到来。当前，各高校开始对自己的网络空间进行构建。网络空间教学指的是师生运用网络平台，展开师生交互活动。他们可以在网络平台上创设实名认证的空间页面，师生在空间平台上进行学习和互动交流。

实施英语网络空间教学之后，师生之间可以摆脱时空的约束与障碍，在即时问答、论坛等多个项目下展开有效的互动，这样不仅加深了教师对学生的了解，还能够使彼此的关系更融洽。通过网络空间，教师可以批改学生的作业，学生也能够在规定时间内随时将自己的作业提交上去，实现作业的先交先改、及时反馈问题。这不仅节省了纸张，还为师生提供了互动的平台。

当然，网络空间平台发挥作用的关键在于学生能够积极参与，学生需要登录到网络空间中完成作业、书写心得，也可以为其他伙伴分享自己的学习音频、视频等资料，这就让学生真正成为学习的主体。在网络空间平台上，学生将自己的感官调动起来，激发自己学习英语的兴趣，提升自己的学习效果，实现自己的有效学习目的，这也是多模态交互教学有效实施。

此外，网络空间还可以实现资源的共享，最大限度地将英语教育资源呈现出来，实现在线网络授课，所有的教学过程也可以在网络空间才得以公开，这能够激发教师的创新意识，真正地实现高校英语教学的全方位改革，促进每一位教师努力建设好自己的教学空间，加强教师与教师之间的竞争，实现师生之间、教师与教师之间的互动。在高校英语教学中，应该营造多模态网络空间，将多模态网络空间教学的效果发挥出来，对多模态网络空间教学活动进行优化，遵循自身的教学特点，顺利实现大数据驱动下高校英语多模态交互教学。

第二节　实施线上线下混合式教学

一、线上线下混合式教学模式简述

1.基本内涵

大数据技术在教育领域广泛应用的大环境下,"教师主导＋学生主体"的教学模式在许多院校盛行。在如今智能手机、平板电脑、网络为时代印记的新技术的时代下,教学模式不仅要求灵活运用以教为主的教学策略和以学为主的学习方式,同时需要整合各种教学资源,要求教师进行相应的角色转换。

以建构主义、情感过滤假设理论为基础,结合教学实际,从语言知识、语言技能、情感态度、文化意识、学习策略五个维度综合考虑构建了高校的移动平台翻转课堂授课、线上交互式数字课程学习、线下模拟场景实践、过程性与终结性评价结合的四位一体混合式教学模式,并策划了基于网络交互式教学平台的混合式高校英语教学模式图。

在目前的教学过程中,教师在教学环节中不再是过去或灌输者,而转变为一个帮助者和支持者,教师在课前和课后的准备工作及评价工作中的功能远大于过去,而学生在课前、课中、课后均为学习的主体,这与过去的"老师讲、学生听"教学模式有了很大的进步。

2.具体要素

（1）教学环境要素

第一,创建媒体化课程教学环境。将媒体化教学环境应用于课程教学中具有重要意义,在课程教学中,以传统教室作为基础,有机组合诸多类型的教学设备,通过屏幕投影将生动形象的多媒体教学信息如图片、视频、音频等直观展示给学生,以优化教学过程,提高教学效果。多媒体教室（多功能教室、多媒体综合教室、多媒体演示教室）是课程教学中运用最多的一类媒体化教学环境,也是新型的课堂教学系统之一,它集中了很多现代化的教学设备,教师在课堂上运用这些教学设备资源将丰富的教学内容直观呈现出来,使学生更加直观地掌握教学内容,并加深对教学内容的记忆。

第二,创建网络化课程教学环境。信息化教学的发展也离不开网络化教学环境的支持。教师将网络通信技术、计算机技术充分利用起来，通过文本、信息交互技术、影像等丰富的信息媒体资源向学生传递重要的教学信息与资源，以促进学生更好地进行自主学习与合作学习，提高课堂双向互动交流的效率和学生的学习效率。常见的网络化教学环境主要有多媒体网络教室、校园网、网络教学平台、远程教育网等。下面结合课程教学分析多媒体网络教室与校园网。

目前来看，多媒体网络教室（多媒体网络机房、计算机网络教室）作为一种新兴网络教学系统，在我国各类学校的应用非常广泛，大中小学普遍都会用到多媒体网络教室。多媒体网络教室属于小型教学网络，由若干台多媒体计算机及相关网络设备互联而成，可以将作为计算机机房使用，也可以作为多媒体演示室、视听室、语音室使用，这是多媒体网络教室的功能及应用形态的主要表现。要使用多媒体网络教室，必然离不开现代网络技术和多媒体技术的支持。多媒体网络教室在课程教学中的具体应用及功效主要表现在以下几个方面：

优化教学结构，使学生有更多的实践机会。在课堂教学中，多媒体网络教室的软件可作为辅助教学手段，如教师口头讲解时，可用语音对话；示范动作时，可播放图片或视频，使学生看得更清楚一些。多媒体网络教室的设备还有监控功能，当学生自主学习时，教师可以检查学生的学习情况，发现其中的问题，从而对教学过程进行更合理的调整。学生如果在听讲或自主学习中有疑问，可利用电子举手功能向教师提问。教师可以利用辅导答疑功能来对学生进行个别指导，有针对性地解决学生在学习中的个别问题。另外，教师还可以组织学生交流经验、讨论问题，对于普遍存在的共性问题，集体处理。这样可以在一个整体的系统中将诸多环节联系起来，使课堂教学结构更加优化，而且学生在交换式的环境下有更多的机会去实践，学习效率会有所提高。

（2）教学内容

第一，创设情境，使学生在真实情景中掌握和运用知识。在传统英语教学中，往往从具体情境中将英语知识抽离出来，抽离出来的知识是抽象性、概括性的，虽然这样可以将具体情境中的"本质"内容（概念、规则、原理等）体现出来，但是知识运用的具体性与情境性却被忽视了，这样学生虽然掌握了知识，却在具体的任务情境中或遇到现实问题时无法运用所学知识，学习结果无法顺利运用到现实中。要使学习者在建构层面掌握所学知识，也就是不仅掌握知识的表面，也深刻理解知识表面所隐含的性质、规律及相关关系，最好为学习者创造真实或接近生活的情境，使学习者在亲身参与中去感受、体会，获取经验，而不是从教师的口头讲解中去获取。

对此，在信息化英语教学设计中，英语教师要注重对真实问题情境的创设或对真实任务的进行设计，使学习者尽可能在真实的情境中完成所有学习活动。这里要注意一点，真实情境与现实情境不同，不一定要真实客观存在，情境有很多种类型，如基于学校的情境、基于自然或社会生活的情境、想象虚拟的情境、真实现实的情境等，在英语课堂教学中不管是创设哪种类型的情境，都只有一个原则——使学习者能够经历类似于真实世界的挑战。

第二，利用学习资源为学生的自主学习和协作学习提供支持。在信息化英语课程教学设计中，要将丰富多彩的信息化学习资源提供给学生，并让学生获取学习资源、分析处理学习资源、编辑加工学习资源的过程中提供引导与帮助，从而为学生的探索学习、分析解决学习中的问题提供支持。有些学生对信息化学习资源不熟悉，也不习惯运用，对此，教师要加强对信息化资源的普及，不断鼓励学生使用信息化资源，使学生充分认识到这些学习资源给自主学习带来的便捷与好处，然后借助现代信息化学习资源来更好地进行自主学习、合作学习。

第三，为学生提供有效引导、支持。信息化英语课程教学设计强调学习者充分发挥自身的主体作用，主动学习、主动探索，但因为学习者的知识结构还比较单一，认识水平还比较低，也缺乏实践经验，所以在学生自主学习的过程中，教师要适当地进行指导，在关键时刻给予帮助，例如为学生提供丰富的学习资源、反复示范正确的技术动作、为学生提供咨询服务、创设问题情境启发学生思考与探索等。对于那些自我调控能力差的学生，要给予引导和帮助，以免学生因不熟悉新的内容或在学习中受挫折而消极被动学习，影响学习效果。

第四，强调协作学习。信息化英语课程教学设计强调英语教师要重视设计协作学习方式，具体包括学生之间的协作、师生之间的协作、学生与他人之间的协作、各主体之间面对面的协作以及在计算机信息技术支持下的信息化协作等。协作学习不仅是学习者发展的需要，也是社会发展的需要，因此信息化教学设计特别强调协作学习。现在，社会分工的细化趋势越来越明显，知识增长也极为迅速，需要协作配合才能完成的工作越来越多，所以在现代人才的评价中，将协作意识与合作能力作为一个重要判断标准。

从学习者方面来看，不同的学习者有不同的成长经历和知识经验，面对同一知识或问题，不同学习者的理解也不同，学习者个人的理解可能是存在局限性的，或者说比较片面、肤浅、不充分、不完善，也有可能就是错误的，而通过协作学习，学习者之间相互沟通交流，每个学习者充分表达自己的看法与见解，同时听取他人的不同看法，在这个过程中学会聆听、接纳、互助、共享，在不同观点的碰撞中更好地理解知识与问题，这时的理解比之前个人的理解更充分、全面、完善、深刻。

第五，在学习和研究活动中将"解决问题"和"任务驱动"作为主线。信息化英语课程教学设计强调不要将学习孤立看待，而要将与更多的问题、任务联系起来，以"解决问题"和"任务驱动"为主线进行学习，学习者主动投入真实的问题情境或人物情境中，以完成学习任务，解决学习问题。英语教师在信息化教学设计中要多鼓励学生结合现实生活探究学习相关问题，将学习者的高水平思维激发出来，培养学生的高级思维能力。很多学习任务与学习问题背后都隐藏着丰富的知识与技能，学生在自主学习或合作学习中探索这些知识与技能，在探索中逐渐掌握并学会运用，这有助于提高学生的探索能力。

第六，强调面向学习过程的质性评价。传统英语教学设计将简单的知识与技能作为评价学生学习成果的唯一标准，这在信息化英语教学设计中是不允许的。信息化英语教学设计强调在英语教学评价中将师生在课程教学中的所有情况都考虑在内，强调在真实的评价情境下进行评价，主张凡是具有教育意义的过程与结果，都应该对其进行恰当的评价，不论是否符合预定目标。此外，信息化英语教学评价还强调对学生学习能力的评价，但不是通过学习结果来评价学习能力，而是通过其在整个学习过程中的学习行为来评价其学习能力的变化发展，最后做一个评估报告，将此作为改进教学与进一步培育学生学习能力的依据。

二、实施高校英语线上线下混合式教学模式的意义

（一）方便灵活

信息科技与互联网的发展以及所带来的便利，使得英语教学视频可以在网上广泛传播，多样化的视频教学形式，如专题讲解、碎片化学习、视

听说一体的视频教学等教学形式开始出现，使得英语教学的灵活性大大提高。首先，学生可以通过网络方便快捷地获取多元化的教学资源，不受时间和空间的限制，进行碎片化的学习。其次，教师可以通过网络资源提升自身的专业素质和水平，从而开展形式灵活、多样化的优质教学，提高英语课堂教学效果。

（二）贴合需要

在高校英语教学中运用线上线下混合式教学模式，能够有效加强学生的学习体验，提升学生的学习效率，而且符合学生的实际需求。首先，网上含有大量的英语教学视频，学生可以根据自身的水平和学习需求，自主选择优质课程，有针对性地利用教学资源。其次，通过线上线下混合式教学模式，学生可以获得丰富的学习体验，形成自主探究的学习习惯，满足个性化发展需求。

（三）切入精准

相比传统的教学模式，线上线下混合式教学模式切入点精准，在整体上能够扩展学习空间。该教学模式引发了教师主导的课堂格局的改变，通过丰富的线上资源来充实课堂内容，通过线下形式多样的个性化实践措施丰富学生的学习经验，进而精准地切入学生的爱好点，拓展学生的学习空间。将线上线下两种模式混合应用，能够有效改变教学的思路，切实优化教学质量。

三、实施高校英语线上线下混合式教学模式的方法

（一）带疑探究—讲授示范—动手操作型

（1）教师要根据课程教学的目标来找到一个或几个具有探索性的问题，然后将问题在适当的时机以适当的方式向学生提出，并引导他们利用已有的信息技术找寻解决问题的方法。

（2）教师利用分解法，将问题由一分多，细致讲解每一个小问题，并对必要的问题解决进行示范。

（3）学生通过教师的讲解与示范开始尝试解决问题，在这一过程中如果遇到新的问题便开始思考及向教师提出问题，得到解答后再进行操作，直到问题得到解决，最终掌握了知识和技能。

（4）教师评价学生的学习表现，师生之间也要进行互评。

（二）任务驱动—协作学习型

（1）教师以教学内容中的重点和难点为依据，灵活设计信息技术的教学任务和目标。对于任务的设计要遵循由易到难、由简到繁、由外到内。

（2）教师给学生布置教学任务，然后让学生自由选择自己的合作伙伴来共同协作开展研究。学生在研究学习的过程中对所获得的一切信息和资料都要与同伴分享，一起讨论，一起研究。

（3）教师对学生的学习活动进行总结性评价。考查的重点在于学生对信息技术的应用能力。

（三）自主—监控型模式

自主—监控模式的教学地点是在建立了网络的教室里。具体学习模式为，学生将教师提供的教学资源利用起来进行学习，教师则观察学生的学习过程。为了给学生创造良好的自由氛围，教师可在教室外通过监控观察。当教师发现学生在某环节中遇到问题，应该适当提供帮助。在自主—监控模式中，学生可根据需要使用网络资源。自主—监控模式的实施程序如下：

（1）教师根据教学目标对教材给予分析，然后以教师认为的最理想的方式向学生呈现教学内容。

（2）学生在接受了学习任务后，需利用相关资料或信息进行独立学习或协作学习。在此过程中，教师的任务是观察、监督，并在必要的时候提供适当的指导。

（3）教师对学生的学习活动进行总结性评价，总结评价从具体到个人。

（四）群体—讲授型模式

群体—讲授模式是面向多数人（通常为一个班）进行教学的模式。在这种模式下应用的信息技术只是作为一种教学手段出现。该模式的特点主要如下：

（1）集文字、图片、声音、图像等多媒体展现教学内容统一，让学生对课堂教学活动有更为直观的认识和理解，而不再是过往的那种过于抽象的感觉。

（2）使用便捷、简单、易操作，将教学内容快速、及时地呈现出来，这无疑的是可以大大提高教学的效率。

（3）过往教学中那种宏观、微观以及时间、空间等因素都不再成为限制，如此更加方便教师对教学重难点的把握与教学。

群体—讲授模式的实施步骤如下：

（1）教师在备课阶段就要全面掌握教学内容，并对教学中需要的图片、视频等资料细致选择，对需要演示的课件要设计得当。

（2）教师努力创设教学情境，将教学信息展示给学生，引导学生思考。

（3）教师对教学活动做总结性评价。

（五）讨论型模式

讨论型模式是教师与学生通过网络进行的实时或非实时交流的一种教学模式。对于这种模式的应用，通常是由教师提出某一问题，然后由学生主要讨论问题。对于学生的讨论，教师要一一听取，这是了解学生学习思维和发现其中可能的问题的好机会。如果发现问题，教师要及时指导。这是一种对学生非常友好的教学模式，不过需要耗费一些时间，教学效率相对较低。该模式的基本步骤如下：

（1）教师根据教学目标对教材给予分析，然后以教师认为的最理想的方式向学生呈现课件或网页类的教学内容。

（2）学生接受任务后，由教师指导查阅资料或信息进行独立学习或合作学习。要确保在完成学习任务的过程中使用信息技术。

（3）教师要对学生的讨论予以总结，学生之间也可以互评，当然也可以评价教师的一些观点。

在讨论型模式中，教师要始终尊重学生的主体作用，要允许学生发散思维，对学生的一些奇怪思维不要打断，而且要做到先倾听，这是鼓励他们尝试创新的良好开始。

（六）研究型课程

研究型课程与当下常见的科学研究的方法已经非常接近了。学生在这种模式的课程中利用信息技术作为工具来分析、归纳、整理各种资料，对寻找解决问题有帮助的信息。

研究型课程中的整合任务是课后的延伸，超越了传统的单一学科学习的框架，它会根据学生个体的认知水平以主题活动的形式呈现在生活中的一些方面，以此激发学生的研究兴趣，并完成相应的学习任务。

学生在研究型课程模式中的学习，在设计研究方案、实施方案以及完成任务等环节都享有相当高的自由度，教师更多只是在选题和资料收集环节提供些许帮助，如此更能突出学生的主体性和参与性。不过，教师提供的帮助仍是不可或缺的，这甚至可能决定着学生研究型学习最终的成败。

第三节　鼓励学生自主学习

一、自主学习简述

（一）基本内涵

对于自主学习，国内外很多学者进行过研究和探讨，并发表了自身关于自主学习的一些文献与书籍。下面就重点来介绍几位有代表性的学者。

国外有两位权威的学者对自主学习进行过论述。一位是亨利·霍里克（Henri Holec），另一位是齐莫曼（Zimmerman）。

亨利·霍里克在他的《自主性与外语学习》一书中指出，自主学习能力应该包含对学习目标与内容的确立、对学习技巧与方法的选择、对学习过程的监控与评估这几大层面，并且指出学生只有做到了这几点，他们才能真正地对自己的学习负责。亨利·霍里克认为，学生的自主学习能力并不是天生的，往往是后天形成的，甚至需要专门的训练而成。显然，从亨利·霍里克的论述中可以看出，他的自主学习观实际上改变了传统的学习模式，因此得到了很多学者的认可与支持。

齐莫曼是一位著名的心理学家，因此他对自主学习的论述主要是从心理层面考虑的。齐莫曼基于前人的研究，指出学生只要在动机、元认知、行为三个层面做到积极参与，那么就可以认为他们的学习是自主学习。换句话说，齐莫曼指出了自主学习的三个影响因素，即动机、元认知与行为，其中动机指学生从被动学习转向主动求知；元认知指学生能够对不同阶段的学习进行反思；行为指学生能够从自己的意愿出发选择与创设学习环境。

除了国外学者对自主学习进行研究，我国学者也对自主学习进行了激烈的探讨，他们基于国外的研究成果，并且考虑我国的实际情况，对自主学习进行初步的研究。我国学者主要围绕自主学习中师生的角色、自主学习的原因与意义、自主学习的实施等层面展开研究。

我国学者庞维国在他的《自主学习——学与教的原理和策略》一书中，对自主学习的概念进行了明确的界定，这标志着我国关于自主学习的研究取得了突破性进步。在庞维国看来，自主学习是基于能学、想学、会学、坚持学这四个层面基础上的一种学习方式。庞维国还从横向与纵向两个视角来阐释自主学习的概念。就横向角度而言，如果学生能够对自己学习的各个层面进行自觉选择与控制，那么就可以说他们的学习是自主学习；就纵向角度而言，如果学生能够在整个学习过程中挖掘与把握自主学习的实质，那么也可以说他们的学习是自主学习。

虽然国内外学者对于自主学习的定义存在差异，但是大多数学者已经基本达成共识，即自主学习是将学生作为中心，根据学生自身需求进行自主学习规划、自主学习管理、自主学习监控、自主学习评价等。具体而言，自主学习可以划分为如下五个步骤：

（1）学生基于不同需求，分清学习主次，对自己的学习目标进行规划。

（2）学生基于需求选择学习材料，并制定与自己学习风格相符合的学习策略。

（3）学生对自己的学习进度、学习时间要合理把控。

（4）学生在学习中要不断反思与调整。

（5）学生要对评价标准有明确的把握，从而对自己的学习效果进行衡量。

（二）基本特征

（1）创造性

学生在进行自主学习时，都包含独特的自我，具有鲜明的个性特征。基于这样的学习方式，教师应该传授给学生具体的学习方式，提纲挈领地向学生介绍相关的学习内容，进而发挥学生的创造性思维，引导他们主动探索。

学生学习的目的在于对已有的知识体系进行激活，并与新的知识体系连接起来，实现知识的再创造，而不是对学习内容的简单复制。当然，学生也不是对学习过程进行简单的复制，而是对自己的学习过程加以合理的管理，对进行反思与改进，从而对学习中遇到的问题进行解决，不断掌握技能。

（2）开放性

从自主学习的定义中我们可以了解到自主学习具有开放性，即学习内容、学习时间、学习手段、学习组织等都需要具备开放性。换句话说，只有基于开放的环境，再加上教师的指导，学生才能更顺利地控制自己的学习，选择适合自己的学习方式。

（3）独立性

说到独立性，那不得不提及依赖性。所谓依赖性的学习，即学习活动建立于依赖性的一面上。自主学习则相反，自主学习是建立在独立性的一面。

在我国传统的教学中，学生过分依赖教师，这对于学生的学习是十分不利的。自主学习要求学生基于教师的指导，独立自主地展开学习，控制自己的学习进度，做出自己的学习选择与学习决定。

显然，独立性是自主学习的显著特征，是学生自主获取知识与技能的一个重要环节。

（4）民主性

在自主学习中，师生之间是民主、和谐的关系。在教学中，教师扮演着学生学习的鼓励者、组织者、指导者的角色，学生能够随时发表自己的意见。教师与学生之间、学生与其他学生之间可以提出问题，共享结果，彼此相互探讨，从而不断将学生自身的优势发扬出来。

（5）相对性

在现实的学习中，绝对的自主与不自主并不常见。很多学生表现的都是相对性的自主，也就是仅在一些层面表现出自主，其他一些层面则表现出不自主。另外，由于学生的学习大多是在学校进行，因此必然会受到学校的安排，不可能完全脱离对学校和教师的依赖。

了解了自主学习的这一特点，就要求教师根据学生的实际情况，对学生的自主与不自主加以区分，展开针对性的教学。当然，自主学习并不是指学生的学习是随心所欲的。权利与义务是相互统一的关系，自主学习中的自主与责任也是辩证统一的关系，也是相互制约的。

在自主学习中，教师与学生之间应该相互协作、相互尊重，教师应该逐步培养学生的自主学习能力，学生也要明白他们自身的权利的建立是以责任作为前提的。

（6）差异性

每个人都具有独立自主性，因此必然会存在先天素质的差异与自身成长环境的差异。在进行学习的时候，根据同样的内容，不同的学生情感准备、知识储备、学习起点等也都必然存在着差异，因此对教学内容的消化与吸收也是存在差异的。自主学习对学生的差异性予以尊重与认可，对他们的学习方法的差异也是接受的，同时鼓励学生应该对学习内容与资源的有选择权。

二、鼓励学生英语自主学习的意义

（一）满足信息化社会发展的需要

当今社会是一个科技迅猛发展的社会，信息化时代使人们越来越认识到，学校教育已经远远不能满足学生的知识储藏，因此学生需要适应不断变化的环境，满足自身不断变化的职业要求，这仅依靠学校获得的知识是远远不够的。也就是说，学生要想适应信息化社会发展的需要，除了要接受学校教师传授的知识，还需要从各种途径、各种渠道挖掘知识，以便充实自己，这就是自主学习的力量。

（二）体现终身教育体系的需要

随着科技、社会的发展，人们认识到需要建立终身教育体系，这一教育体系打破了传统教育体系的封闭性与终极性，使教育成为一个伴随终身、持续不断的过程。未来的社会是一个持续学习的社会，为了与社会的发展相互适应，人们就必须要不断学习、不断发展。因此，这也是对学生的要求，通过自主学习，学生能够适应不断变化的社会、不断变化的职业要求，从而不断提升自我质量与自我价值。

三、鼓励学生英语自主学习的方法

（一）贯彻以学生为中心的理念

1. 什么是以学生为中心

以学生为中心是一项崭新的理念，注重学生在学习中发挥自己的主体地位，对学生的学习需求非常关注，并理解与尊重不同学生存在个体的差异。这一教学理念认为，教学应该对学生的天性予以关注，将学生的潜能发挥出来，激发学生学习的积极性，从而促进学生的全面发展。

所谓以学生为中心的教学，即在教学中将以学生为中心作为价值追求，彰显学生的个性特征，把握不同学生自身的学习规律，同时了解学生的学习需求，开展适合学生学习需求的教学。

以学生为中心的教学强调发挥学生的主体地位，但是当前很多学校的教学工作都是按照计划来展开的，因此在物力、资金等教学成本等层面存在限制，为了更好地推进以学生为中心的教学实践，就需要在成本、规模等层面寻找到一个平衡点。可见，判断某一个教学实践是否遵循了以学生为中心的规则，不能仅依靠外显的标准，而应该分析其是否以学生为中心作为价值取向，教师是否做到了让更多的学生参与到教学活动中，学生是否真正地完成了学习任务等。

虽然以学生为中心的教学对学生的主体性予以尊重，对学生的学习需求也非常关注，倡导学生应该积极开展自主学习，但是并不意味着所有的教学因素都是由学生自主来决定的，也并不意味着学生的所有需求都需要满足。这是以学生为中心需要注意的一个层面。另外，以学生为中心还需要认识到高校英语教学的主要目标在于为社会培养需要的人才，因此以学生为中心的教学不仅要考虑学生的需求，还需要与学生的身心发展规律相适应，同时还需要分析社会对人才的需求，制定科学、合理的计划。

显然，以学生为中心的教学给予学生充分的尊重，但是这并不意味着教师在教学中是不重要的，甚至很多人认为可以弱化教师的作用。事实上，在以学生为中心的教学中，教师的作用更加凸显，学生学习的主动性、学习效率等都需要教师的指导与鼓励。教师在以学生为中心的教学中的重要性也决定了教师应该履行自己的责任，即要不断对自己的教学加以反思，进而从学生的需求出发来设置学习目标，鼓励学生积极参与到学习活动中来，帮助学生实现自身的目标。

2. 如何做到以学生为中心

教育的最高境界在于以人为本，要想真正地实现以人为本，最为重要的一点就是教师需要尊重学生，从尊重出发，通过教育来促进学生的全面发展。

（1）尊重学生的个性发展

我国现在的教学对于学生的素质教育非常注重，而个性是素质教育的出发点，只有将学生的个性作为出发点，展开个性化教学，才能使培养出的人才更加学有所长。因此，教师要对学生的个性特征予以尊重，从而不断开发学生的优势，促进学生的全面进步与发展。

（2）尊重学生的主体地位

在教学中，学生为学习的主体，教师的所有活动都是围绕学生需求来展开的。在教学中，教师应该尊重学生的主体地位，将学生的学习兴趣和积极性激发出来，提升他们学习的自主性。

具体而言，无论是制定教学计划还是设计教学环节，教师都需要从学生的需求与兴趣出发。同时，教师要对学生的自我管理能力加以培养，引导他们进行创造性思维，养成自主学习的习惯。

（3）尊重学生的自尊心

在人类行为中，自尊心是最具有渗透性的一个层面，对于人类行为有着重要的影响。一个人如果没有一定程度的自尊心，对自己没有充分的了解，是很难进行认知活动与情感活动的。因此，教师要对学生的自尊心予以尊重，多发现学生身上的闪光点，帮助学生更好地成长与进步。

（二）激发学生的学习动机

1. 什么是学习动机

动机（motivation）研究最初始于教育心理学，是指学习者为了满足某学习愿望所做出的努力。二语习得和外语教学界从 20 世纪 70 年代开始逐步深入研究动机对于外语学习的影响，我国外语学界则是从 20 世纪 80 年代才开始引入"动机"这一概念，但真正的实证研究则是从 20 世纪 90 年代才开始逐步展开的。

通常认为，学习者的动机程度和学业水平是高度相关的；后来，其至有研究在这两者之间建立了因果关系模型。动机可以有不同的分类方法。一般认为，动机可以分为两类，即工具型动机和融入型动机。前者指学习者的功能性目标，如通过某项考试或找工作；后者指学习者有目的语文化群体结合的愿望。除了以上两类外，还有结果型动机（源于成功学习的动机）、任务型动机（学习者执行不同任务时体会到的兴趣）、控制型动机（学习语言的愿望源自对付和控制目的语的本族语者）。对于中国学习者而言，证书动机是中国学习者的主要动机。

学习者的学习动机是可塑的，激发学习者内在动机是搞好外语教学的重要环节，个人学习动机是社会文化因素的结果。这个发现对于中国各个层次的语言学习者都是如此，也可以解释国内近些年来的语言"考证热"。值得一提的是，无论是工具型动机，还是融入型动机，都会对外语学习产生重要的影响，所以动机类型并不那么重要，重要的是学习者动机的水平。

2. 如何激发学生的学习动机

当人们认识到学习动机对于外语学习的重要性后，如何激发学生外语学习的动机逐渐引起了人们的关注和重视。J. 布罗菲（Jere Brophy）提出了对教师和学生具有重要指导意义的激励学习动机的方法，具体如下：

（1）树立学习信心

自信心表现为个体对自身的评价、态度和认识，对于外语学习有巨大的激励作用，是进步的基础和成功的动力。具体而言，教师可以从以下几个方面树立学生的信心：制订确实可行的、能够促进学生学业进步的教学计划；对水平较低的学生给予额外的辅导和帮助；重视对学习过程的评价；帮助学生正确对待失败。

（2）激发内在动机

内在动机对学习者的学习有着持久而强有力的促进作用，能够使学习者始终保持着较高的学习兴趣，所以教师应该注重对学生内在动力的激发。教师可以具体采用以下几种方式：关注学生的能力需求，在设计教学活动时，提供训练多种技能的有特色的、有意义的任务；在教学活动中培养学生的动手、动脑能力；以符合学生的兴趣为教学活动设计的前提；关注学生的所需要需求，多设计一些合作型任务。

（3）激发外在动机

外部动机虽然没有内在动机的作用大，但对学生的学习也有一定的促进作用，教师可以从以下几个方面来激发学生的外在动机：重视对学生的学习过程给予评价；表扬和鼓励学生学业上的进步；提供适当的、合理的竞争，并给每位学生提供平等的竞争机会；引起学生对外语学习工具型价值的重视。

（4）遵守教学原则

教师在开展教学、激发学生学习动机的过程中，应遵循一定的教学原则，具体包含以下几项：重视学习动机中的期望和价值因素；教学的目的是使学生理解、欣赏和应用所学知识；将课堂打造成学生共同参与合作性学习活动的氛围；使用权威管理和社交策略；尽可能增加自身和课堂对学生的吸引力；首先注重培养学生的学习动机。

（三）培养学生应用学习策略的能力

1. 如何培养学生应用学习策略的能力

（1）元认知策略

第一，培养学习者的元认知意识。在元认知策略的内容之中，主要是为了培养学习者的元认知意识。所谓元认知意识，即学习者从自身的学习规律与条件出发，对自己的学习活动进行自觉组织的能力。培养学习者的元认知策略有助于学习者对自己的学习进行更好的管理与支配，使学习者成为学习的主导。在教学中，教师不应该仅教会学习者获得知识与体验，还应该鼓励他们进行突破，从而获取新的学习手段与方法。

第二，训练学习者的元认知监控调节策略。教师要想建立的课堂以学习者为中心，就需要将学习者的能动性发挥出来，让学习者运用规划、调控等策略，管理与监督自己的学习行为与过程。同时，教师需要发挥好示范与指导的作用，为学习者安排学习任务的同时，与学习者一起完成任务，这样可以使学习者也主动参与其中，明确自己的目标与内容，对每一次的学习机会都能把握牢固，对自己的学习过程加以管理与监控。

（2）认知策略

语言教学除了要对学习者的语言能力进行培养，还要积极发展学习者的认知能力，以帮助学习者有效解决自己在学习和生活中遇到的各种新问题。也就是说，在学习者的语言学习中，要积极促进认知的发展。具体来说，可以从以下几个方面进行：

第一，积极引导学习者养成良好的观察习惯。心理学的相关研究表明，一种行为要想被牢固、稳定地保持下来，就必须要成为习惯或者说成为动力定型。因此，要想学习者不断提高自己的观察力，必须养成自觉观察、勤于观察的好习惯。

第二，积极激发学习者的观察兴趣。在对学习者的观察力进行培养时，一个重要的前提就是激发学习者的观察兴趣。在这一过程中，既可以通过讲述名人善于观察的故事来诱发学习者的观察兴趣，也可以结合语言学习行为来激发学习者的观察兴趣。比如，在讲解英语课文时可以通过观察直观教学的方式，帮助学习者在理解课文的同时，提高自己的观察力。

（3）社会策略

根据社会策略的内涵，对学习者社会策略的培养应该从以下几个方面着手：

第一，提高文化意识。在语言学习过程中，学习者常常会因为东西方文化的巨大差异而遇到语言障碍。不同民族有其自身独特的语言，这些语言都是民族文化特色的重要组成内容。在英语学习过程中，教师要引导学生正确认识语言与文化之间的关系，并重视不同文化之间存在的客观差异，从观念上进行思维转换，帮助学生形成更加完善的认知。只有这样，学生才能纠正语言学习中外文化差异引起的不必要的误读，加深对英语学习的理解与掌握。在具体的教学过程中，教师要从不同层面出发，如词汇、句法、语用、思维等，对中西方文化进行科学对比，提高学生跨文化交际意识和能力。

第二，创造使用社会策略的良好氛围。为了提高学习者运用社会策略的效率，教师要注意激发学习者的交际动机。教师应该鼓励学生参与一些跨文化交际活动，让他们对不同文化的差异性有亲身的感受，通过与不同文化背景下的人们进行交流，习得应变能力，并运用所学的知识对跨文化交际中遇到的交际行为问题进行有效解决。在不具备目的外语环境下，学生能够运用到的最有力资源就是外籍教师，现在很多高校都有外籍教师，他们就是活教材。学生多和他们进行交流，观察他们在说话时所运用的交际手段与行为，能够不断提升自身的跨文化非语言交际能力。

第三，组织言语交际活动。课堂时间毕竟有限，学生难以得到充分的交际训练，因此不能仅仅依靠课堂教学培养学生的跨文化交际意识与能力。对教师来说，应有效利用课外时间，努力创设第二课堂，组织各种课外活动，营造一个自然的英语学习环境。教师可以根据具体教学情况，组织与跨文化交际主题相关的言语交际活动，如学习沙龙、英语角、英语辩论赛、英语演讲比赛、英语话剧表演等活动。这一方面可以激发学生对英语学习的兴趣，另一方面可以使学生通过参与这些活动，得到训练，提高跨文化交际能力。此外，教师可以鼓励学生阅读优秀的英语国家文学作品，或欣赏反映中西方文化差异的优秀影视作品，在阅读和欣赏中学习文化知识，提升文化素养。

参考文献

[1] 王静．跨文化交际视域下大学英语教学理论与实践融合研究 [M]．北京：中国书籍出版社，2022:07.

[2] 侯莹莹．跨文化视域下英语翻译与教学研究 [M]．北京：中国纺织出版社，2022.06.

[3] 高瑞洁．跨文化视角下的大学英语教育研究 [M]．长春：吉林出版集团股份有限公司，2022.06.

[4] 贾芳，王禄芳，刘静．跨文化视域下的大学英语教学探究 [M]．长春：吉林人民出版社，2022.05.

[5] 赵红卫．大学英语教学模式与跨文化翻译研究 [M]．延吉：延边大学出版社，2022.03.

[6] 高旭峰．跨文化交际与大学英语教学理论与实践研究 [M]．延吉：延边大学出版社，2022.03.

[7] 刘惠玲，赵山，赵翊华．跨文化英语翻译的理论与实践应用研究 [M]．延吉：延边大学出版社，2022.03.

[8] 陈夺．基于跨文化交际的英语教学研究 [M]．长春：吉林出版集团股份有限公司，2021.08.

[9] 赵素君．英语跨文化交际能力培养研究 [M]．长春：吉林出版集团股份有限公司，2021.08.

[10] 朱慧阳．英语教学与跨文化交际研究 [M]．长春：吉林出版集团股份有限公司，2021.04.

[11] 王媛．跨文化交际与大学英语教育研究 [M]．北京：中国大百科全书出版社，2021.

[12] 鲁芮汐．跨文化传播视角下英语翻译理论与实践研究 [M]．吉林出版集团股份有限公司，2021.

[13] 何婷婷．基于跨文化交际的英语人才培养研究 [M]．保定：河北大学

出版社，2021.

[14] 刘瑶 . 跨文化传播视角下英语翻译理论与实践研究 [M]. 长春：吉林人民出版社，2021.

[15] 杜芳，王磊 . 大学英语教学的跨文化转型与创新路径 [M]. 北京：中国书籍出版社，2020.12.

[16] 熊丽作 . 跨文化交际与英语教学研究 [M]. 哈尔滨出版社股份有限公司，2020.11.

[17] 宋雨晨，郭继荣，黄勇，田晓蕾，何泉，王和私 . 有效的跨文化英语教学探讨 [J]. 教育现代化，2020，（第 36 期）：167-172.

[18] 张鑫 . 语言习得中的文化因素与高职跨文化英语教学 [J]. 文教资料，2022，（第 5 期）：175-178.

[19] 巫玮 . 我国跨文化英语教学研究的发展现状及启示 [J]. 当代教育实践与教学研究（电子刊），2020，（第 18 期）：43-45.

[20] 鄢盼盼 . 跨文化英语教学模式下大学生自主学习能力的培养研究 [J]. 校园英语，2022，（第 22 期）：73-75.

[21] 陈小娟 . 基于跨文化的英语教学中文化意识渗透 [J]. 山东农业工程学院学报，2019，（第 12 期）：151-152.

[22] 甘小亚，黄莹雪 . 基于教育生态学的跨文化英语教学模式 [J]. 大学英语教学与研究，2019，（第 1 期）：61-67.

[23] 蒋志娟 . 文化差异视域下的跨文化英语教学 [J]. 吕梁教育学院学报，2019，（第 4 期）：118-119.

[24] 黄珍 ."一带一路"背景下民族预科跨文化英语教学 [J]. 智库时代，2018，（第 41 期）：177-178.

[25] 范明 . 对跨文化英语教学中短视频的多模态语篇分析 [J]. 科教导刊（电子版），2020，（第 31 期）：215-216，239.

[26] 李丽君 . 关于跨文化英语教学的探究 [J]. 高教学刊，2016，（第 8 期）：106-107.

[27] 蒋志娟 . 试析文化差异视域下的跨文化英语教学 [J]. 知识文库，2020，（第 4 期）：44，49.

[28] 高琼芳 . 大学英语跨文化英语教学现状及对策分析 [J]. 新商务周刊，2017，（第 14 期）.

[29] 杜鹃 . 跨文化英语教学模式下大学生自主学习能力的培养策略 [J].

青年与社会，2019，（第 9 期）：101.

[30] 马维娜 . 跨文化英语教学与人文素质的培养 [J]. 当代教育论坛（管理版），2011，（第 3 期）：64-66.

[31] 云虹 . 英汉隐喻差异与跨文化英语教学 [J]. 内江科技，2010，（第 12 期）：87.

[32] 张利萍 . 文化差异视域下的跨文化英语教学研究 [J]. 兰州教育学院学报，2014，（第 3 期）：60-62.

[33] 何声钟 . 大学跨文化英语教学结构模式和实践模式 [J]. 江西教育学院学报，2014，（第 1 期）：72-76.

[34] 饶天爽 . 浅谈跨文化英语教学 . 新课程研究：高等教育 [J]，2011，（第 4 期）：79-80.

[35] 张维友 . 跨文化英语教学 . 国外外语教学 [J]，1992，（第 2 期）：1-4.